最新法律文件解读丛书

民事
法律文件解读

MINSHI FALÜ WENJIAN JIEDU

人民法院出版社　编

总第 232 辑　2024.04

人民法院出版社

图书在版编目（CIP）数据
民事法律文件解读．总第232辑 / 人民法院出版社编．
北京 ：人民法院出版社，2024．7．--（最新法律文件
解读丛书）．-- ISBN 978-7-5109-4193-1
Ⅰ．D923.05；D925.105
中国国家版本馆CIP数据核字第2024VW0812号

民事法律文件解读·总第232辑
人民法院出版社　编

责任编辑　杨　洁
出版发行　人民法院出版社
地　　址　北京市东城区东交民巷27号　邮编　100745
电　　话　(010)67550562(责任编辑)　67550558(发行部查询)
　　　　　65223677(读者服务部)
客服QQ　2092078039
网　　址　http://www.courtbook.com.cn
E-mail　courtbook@sina.com
印　　刷　三河市国英印务有限公司
经　　销　新华书店
开　　本　787毫米×1092毫米　1/16
字　　数　115千字
印　　张　8
版　　次　2024年7月第1版　　2024年7月第1次印刷
书　　号　ISBN 978-7-5109-4193-1
定　　价　28.00元

卷首语

如何在涉外民商事审判中准确应用国际条约和国际惯例，已成为我国理论和实务界关注的热点问题。为此，最高人民法院审判委员会第 1908 次会议通过了《最高人民法院关于审理涉外民商事案件适用国际条约和国际惯例若干问题的解释》（以下简称《解释》），并于 2024 年 1 月 1 日起施行，确立了人民法院在涉外民商事案件中适用国际条约和国际惯例的相关规则，凸显了在涉外民商事审判中加强国际法研究和运用的重要性。为便于广大读者准确理解与适用该司法解释，本辑收录了《解释》及其答记者问。

法答网是最高人民法院为全国四级法院干警提供法律政策运用、审判业务咨询答疑和学习交流服务的信息共享平台。法答网上线运行以来，咨询答疑质量和平台功能得到进一步优化，上下级法院业务交流顺畅高效，困扰审判一线痛点、难点问题得到及时解决。为进一步满足人民群众的多元司法需求，最高人民法院积极开展优秀咨询答疑评选工作，将具有典型性、前沿性或疑难复杂的法律适用咨询答疑陆续发布。本丛书特开设“法答网精选答问”栏目，精选法答网与民事审判相关的咨询答疑。

此外，本辑在“新类型疑难案例选评”栏目，收录了《王某诉温州某高食品有限公司侵权责任纠纷案》一文。该案的裁判表明：侵害个人信息适用过错推定责任的归责原则，过错要件要采取客观化标准。经营者定向投放广告应完善会员的信息审查，坚守告知同意规则，并提供拒绝接收、退订的方式。用户应增加关于应对广告营销短信骚扰的维权渠道和维权方式，参与个人信息保护的共治共享体系。该案的裁判思路可供办案人员审理同类案件时参考。

最新法律文件解读丛书
编　辑　部

兰丽专　（010）67550626

丁丽娜　（010）67550608

杨晓燕　（010）67550508

杨　洁　（010）67550562

路建华　（010）67550660

赵杰琼　（010）67550656

投稿邮箱：

《刑事法律文件解读》　5184621@ qq. com

《民事法律文件解读》　1216921515@ qq. com

《商事法律文件解读》　shangshijiedu@ 126. com

《行政与执行法律文件解读》　1092123089@ qq. com

目录

司法解释、司法指导性文件与解读

最高人民法院

关于审理涉外民商事案件适用国际条约和国际惯例若干问题的解释

法释〔2023〕15号

（2023年12月5日最高人民法院审判委员会第1908次会议通过
2023年12月28日最高人民法院公告公布
自2024年1月1日起施行）

为正确审理涉外民商事案件，根据《中华人民共和国对外关系法》、《中华人民共和国涉外民事关系法律适用法》等法律，结合审判实践，制定本解释。

第一条 人民法院审理《中华人民共和国海商法》、《中华人民共和国票据法》、《中华人民共和国民用航空法》、《中华人民共和国海上交通安全法》调整的涉外民商事案件，涉及适用国际条约的，分别按照《中华人民共和国海商法》第二百六十八条、《中华人民共和国票据法》第九十五条、《中华人民共和国民用航空法》第一百八十四条、《中华人民共和国海上交通安全法》第一百二十一条的规定予以适用。

人民法院审理上述法律调整范围之外的其他涉外民商事案件，涉及适用国际条约的，参照上述法律的规定。国际条约与中华人民共和国法律有不同规定的，适用国际条约的规定，但中华人民共和国声明保留的条款除外。

第二条 涉外民商事案件涉及两项或多项国际条约的适用时，人民法院应当根据国际条约中的适用关系条款确定应当适用的国际条约。

第三条 国际条约规定当事人可以约定排除或部分排除国际条约的适用，当事人主张依据其约定排除或部分排除国际条约适用的，人民法院予以支持。国际条约限制当事人排除或部分排除国际条约的适用，当事人主张依据其约定排除或部分排除国际条约适用的，人民法院不予支持。

第四条 当事人在合同中援引尚未对中华人民共和国生效的国际条约的，人民法院可以根据该国际条约的内容确定当事人之间的权利义务，但违反中华人民共和国法律、行政法规强制性规定或者损害中华人民共和国主权、安全和社会公共利益的除外。

第五条 涉外民商事合同当事人明示选择适用国际惯例，当事人主张根据国际惯例确定合同当事人之间的权利义务的，人民法院应予支持。

第六条 中华人民共和国法律和中华人民共和国缔结或者参加的国际条约没有规定的，人民法院可以适用国际惯例。当事人仅以未明示选择为由主张排除适用国际惯例的，人民法院不予支持。

第七条 适用国际条约和国际惯例损害中华人民共和国主权、安全和社会公共利益的，人民法院不予适用。

第八条 本解释自2024年1月1日起施行。

第九条 最高人民法院以前发布的司法解释与本解释不一致的，以本解释为准。

涉外民商事案件适用国际条约和国际惯例司法解释及典型案例新闻发布稿

2023年12月28日，最高人民法院举行涉外民商事案件适用国际条约和国际惯例司法解释及典型案例新闻发布会。最高人民法院审判委员会副部级专职委员王淑梅、最高人民法院民四庭庭长沈红雨、最高人民法院民四庭副庭长胡方和最高人民法院民四庭二级高级法官杨兴业出席发布会，发布《最高人民法院关于审理涉外民商事案件适用国际条约和国际惯例若干问题的解释》（以下简称《解释》）、涉外民商事案件适用国际条约和国际惯例典型案例，并回答记者提问，发布会由最高人民法院新闻局副局长王斌主持。

《解释》已于2023年12月5日由最高人民法院审判委员会第1908次会议通过，自2024年1月1日起施行。新闻发布会上，最高人民法院通报了《解释》的制定背景、意义和主要内容。

一、《解释》的制定背景和意义

国际条约和国际惯例在国内如何适用是人民法院涉外民商事审判面临的重要问题。民法通则第一百四十二条规定了国际条约和国际惯例的适用问题，涉外民商事审判实践中依据该规定审理了大量案件，其中包括一批具有规则意义、国际影响重大、推动法治进程的典型案例。自

2021 年 1 月 1 日起实施的民法典对国际条约和国际惯例的适用问题未作具体规定，而民法通则已废止，故各地法院以及学界均呼吁尽快明确人民法院在涉外民商事案件中适用国际条约和国际惯例的相关规则。为此，最高人民法院全面总结司法实践经验，经过充分调研、反复论证、广泛征求建议，制定了《解释》，其具有如下重要意义。

第一，《解释》的制定是加快涉外法治建设，服务保障高水平对外开放的重大举措。近日，习近平总书记在中共中央政治局第十次集体学习时强调，要加强涉外法治建设，营造有利法治条件和外部环境，彰显了以习近平同志为核心的党中央对涉外法治工作的高度重视。党的十八大以来，共建"一带一路"、自由贸易试验区和海南自由贸易港等对外开放重大战略取得举世瞩目的成效。"对外开放向前推进一步，涉外法治建设就要跟进一步。"《解释》的制定是人民法院全面贯彻党的二十大精神，深入学习贯彻习近平总书记重要讲话精神，积极参与涉外法律体系建设的一项重要举措，为稳步扩大制度型开放提供了重要依据。

第二，《解释》的制定是坚定维护以国际法为基础的国际秩序，推动国际关系法治化的具体实践。"条约必须信守"是条约法上的一项基本原则。《维也纳条约法公约》第二十六条规定："凡有效之条约对其各当事国均有约束力，必须由各该国善意履行。"《解释》的发布，充分展现了我国积极履行国际义务的良好形象，彰显了我国坚定维护以国际法为基础的国际秩序的大国担当，有利于提升我国在全球治理体系变革中的话语权和影响力。

第三，《解释》的制定是准确适用国际条约和国际惯例，提升涉外审判质效的重要保障。《解释》对如何准确把握国际条约和国际惯例的适用条件和范围进行了规范和指引，为人民法院正确审理涉外民商事案件提供裁判依据，有效统一了法律适用标准，对于提升我国涉外民商事审判质效、扩大我国司法的国际公信力和影响力、营造市场化法治化国际化一流营商环境具有重要意义。

二、《解释》的主要内容

《解释》共九条，体现了涉外民商事审判中适用国际条约和国际惯例遵循的三项原则，即善意履行条约义务原则，尊重国际惯例原则，维护国家主权、安全和社会公共利益原则。主要内容包括以下六点。

一是明确适用国际条约的裁判依据。对外关系法第三十条第一款明确规定："国家依照宪法和法律缔结或者参加条约和协定，善意履行有关条约和协定规定的义务。"根据民商事领域国际条约调整平等主体之间的人身关系和财产关系这一特点，依据对外关系法规定的善意履约原则，《解释》第一条第二款明确海商法、票据法、民用航空法、海上交通安全法等单行法调整范围以外的涉外民商事案件以"参照单行法规定"的方式适用国际条约，有效破解了涉外民商事领域适用国际条约裁判依据不足的问题，同时承继民法通则精神，明确我国缔结或参加的国际条约与中华人民共和国法律有不同规定的，适用国际条约的规定，但中华人民共和国声明保留的条款除外。

二是明确涉多项国际条约时的适用原则。针对司法实践中存在的同一争议涉及两个或者两个以上国际条约的情况，《解释》第二条规定，人民法院应当根据国际条约中的适用关系条款确定应当适用的国际条约。

三是明确国际条约适用与当事人意思自治之间的关系。在涉外民商事关系应予适用的国际条约中，有部分国际条约允许当事人通过约定排除公约的适用或者改变公约条款的适用效果，但也有部分国际条约具有适用上的强制性，不允许当事人通过约定排除适用。《解释》第三条明确，只有在国际条约允许的范围内，当事人才可以通过约定排除或部分排除国际条约的适用。

四是明确当事人援引尚未对我国生效的国际条约的，可以作为确定合同权利义务的依据。尚未对我国生效的国际条约不能作为人民法院作出裁判的法律依据。但是，如果当事人在合同中一致援引民商事国际条约确定的相关权利义务条款，此时国际条约的相关条款内容即成为当事人约定的合同条款，《解释》第四条明确人民法院可以此作为确定当事人权利义务的合同依据，前提是不违反我国法律、行政法规的强制性规定，不损害我国主权、安全和社会公共利益。

五是明确国际惯例的明示选择适用和补缺适用问题。《解释》第五条和第六条规定了国际惯例的两种适用情形。一方面，在当事人明确选择适用国际惯例的情况下，可以根据国际惯例直接确定合同当事人之间的权利义务；另一方面，在当事人没有明确作出选择，且我国法律和我国缔结或者参加的国际条约均没有相应规定的情况下，人民法院可以适用国际惯例。

六是坚持维护国家主权、安全和社会公共利益的原则。《解释》贯彻对外关系法第三十一条关于条约和协定的实施和适用不得损害国家主权、安全和社会公共利益的规定，在第七条明确“适用国际条约和国际惯例损害中华人民共和国主权、安全和社会公共利益的，人民法院不予适用”，充分彰显人民法院坚定维护国家主权、安全和社会公共利益的鲜明司法立场。

下一步，最高人民法院将坚持统筹推进国内法治和涉外法治，在涉外民商事审判中积极、准确适用国际条约和国际惯例，确保国际通行规则得到有效遵守和实施，有力彰显我国坚持改革开放和多边主义的国际形象，为全球治理体系改革和建设贡献中国法治智慧和力量！

（来源：最高人民法院网站）

最高人民法院相关负责人就涉外民商事案件适用国际条约和国际惯例司法解释及典型案例答记者问

2023年12月28日，最高人民法院举行涉外民商事案件适用国际条约和国际惯例司法解释及典型案例新闻发布会。最高人民法院审判委员会副部级专职委员王淑梅、最高人民法院民四庭庭长沈红雨、最高人民法院民四庭副庭长胡方和最高人民法院民四庭二级高级法官杨兴业出席发布会，发布《最高人民法院关于审理涉外民商事案件适用国际条约和国际惯例若干问题的解释》（以下简称《解释》）、涉外民商事案件适用国际条约和国际惯例典型案例，并回答记者提问，发布会由最高人民法院新闻局副局长王斌主持。

问：能否介绍一下近年来人民法院审理涉外民商事案件适用国际条约和国际惯例的总体情况？

答：近年来，人民法院坚持“条约必须信守”的国际法原则，善意履行国际条约义务，在妥善解决纠纷的同时，塑造我国司法的国际影响力和公信力，为服务高水平对外开放，营造市场化法治化国际化一流营商环境，维护公平公正的国际贸易投资秩序作出了重要贡献。

据统计，我国涉外民商事案件适用国际条约和国际惯例的领域涵盖了国际贸易、海事海商、航空运输、知识产权、环境保护等多个方面。国际条约主要有《联合国国际货物销售合同公约》、《统一国际航空运输某些规则的公约》（1929年华沙公约）、《统一国际航空运输某些规则的公约》（1999年蒙特利尔公约）、《2001年国际燃油污染损害民事责任公约》、《1969年国际油污损害民事责任公约》、《1992年国际油污损害民事责任公约》、《1974年海上旅客及其行李运输雅典公约》、《1972年国际海上避碰规则公约》、《1989年国际救助公约》等。国际惯例主要有《国际贸易术语解释通则》《跟单信用证统一惯例》《见索即付保函统一规则》《约克-安特卫普规则》《固体散装货物安全操作规则》等。

最高人民法院高度重视国际条约、国际惯例的准确适用，通过制定司法解释，发布会议纪要、典型案例等方式，指导各级法院准确适用国际条约，尊重国际惯例。以《联合国国际货物销售合同公约》为例，2018年至2023年6月我国法院审结的涉外民商事案件中适用该公约的案件有168宗。此外，最高人民法院还先后发布《最高人民法院关于人民法院为“一带一路”建设提供司法服务和保障的若干意见》《最高人民法院关于人民法院服务保障进一步扩大对外开放的指导意见》《最高人民法院关于为自由贸易试验区建设提供司法保障的意见》等，强调要依法准确适用国际条约和惯例，增强案件审判中国际条约和惯例适用的统一性、稳定性和可预见性。

问：今天发布的典型案例中有适用《海牙送达公约》《取消外国公文书认证要求的公约》等案例，请问这类公约也是《解释》规范适用的国际条约吗？

答：《解释》所称审理涉外民商事案件适用的国际条约仅指民商事实体法条约，不包括程序法条约。但是，人民法院审理涉外民商事案件的诉讼程序问题，必然涉及涉外送达、调查取证以及从外国寄交的公文书证的证明手续等问题。最高人民法院于2013年1月发布《最高人民法院关于依据国际公约和双边司法协助条约办理民商事案件司法文书送达和调查取证司法协助请求的规定》，2020年又对该司法解释进行了修正，明确人民法院应当根据便捷、高效的原则确定依据《海牙送达公约》《海牙取证公约》或者双边民事司法协助条约提出民商事案件司法文书送达和调查取证请求，并按照民事诉讼法和相关司法解释规定协助外国司法文书送达和调查取证请求。此外，《取消外国公文书认证要求的公约》于2023年11月7日在中国生效实施，人民法院已经率先在涉外民商事审判中适用该公约，有效简化了公文书跨国流转程序，便利中外当事人参加诉讼，有力提升了涉外审判质效。为集中展示我国法院准确适用国际条约的较高司法水平，充分发挥典型案例的指导示范效应，今天将这类典型案例一并发布。

问：适用国际条约和国际惯例具有很强的专业性，为确保《解释》的正确执行，最高人民法院在《解释》出台后，准备采取哪些具体措施？

答：《解释》出台后，最高人民法院还将开展以下几个方面工作，推动解释的贯彻落实：一是发布《解释》的理解与适用，便于社会各界准确把握《解释》条文的含义；二是汇编国际条约和国际惯例及其权威译本，梳理适用条件、生效及保留情况等，保障国际条约和国际惯例的准确适用；三是加强案例指导，定期发布适用国际条约、国际惯例的典型案例，规范裁判标准；四是加强培训，提高涉外商事海事法官适用国际条约和国际惯例的意识和能力。

（来源：最高人民法院网站）

部门规章、规章性文件与解读

上市公司股东减持股份管理暂行办法

（2024 年 5 月 23 日中国证券监督管理委员会 2024 年第 1 次委务会议审议通过　2024 年 5 月 24 日中国证券监督管理委员会令第 224 号公布　自公布之日起施行）

第一条　为了规范上市公司股东减持股份行为，保护投资者的合法权益，维护证券市场秩序，促进证券市场长期稳定健康发展，根据《中华人民共和国公司法》（以下简称《公司法》）、《中华人民共和国证券法》（以下简称《证券法》）等法律、行政法规的规定，制定本办法。

第二条　上市公司持有百分之五以上股份的股东、实际控制人（以下统称大股东）、董事、监事、高级管理人员减持股份，以及其他股东减持其持有的公司首次公开发行前发行的股份，适用本办法。

大股东减持其通过证券交易所集中竞价交易买入的上市公司股份，仅适用本办法第四条至第八条、第十八条、第二十八条至第三十条的规定。

大股东减持其参与首次公开发行、上市公司向不特定对象或者特定对象公开发行股份而取得的上市公司股份，仅适用本办法第四条至第八条、第十条、第十一条、第十八条、第二十八条至第三十条的规定。

第三条 上市公司股东可以通过证券交易所的证券交易、协议转让及法律、行政法规允许的其他方式减持股份。

第四条 上市公司股东应当遵守《公司法》《证券法》和有关法律、行政法规，中国证券监督管理委员会（以下简称中国证监会）规章、规范性文件以及证券交易所规则中关于股份转让的限制性规定。

上市公司股东就限制股份转让作出承诺的，应当严格遵守。

第五条 上市公司股东减持股份，应当按照法律、行政法规和本办法，以及证券交易所规则履行信息披露义务，保证披露的信息真实、准确、完整。

第六条 大股东减持股份应当规范、理性、有序，充分关注上市公司及中小股东的利益。

上市公司应当及时了解股东减持本公司股份的情况，主动做好规则提示。上市公司董事会秘书应当每季度检查大股东减持本公司股份的情况。发现违法违规的，应当及时向中国证监会、证券交易所报告。

第七条 存在下列情形之一的，大股东不得减持本公司股份：

（一）该股东因涉嫌与本上市公司有关的证券期货违法犯罪，被中国证监会立案调查或者被司法机关立案侦查，或者被行政处罚、判处刑罚未满六个月的；

（二）该股东因涉及与本上市公司有关的违法违规，被证券交易所公开谴责未满三个月的；

（三）该股东因涉及证券期货违法，被中国证监会行政处罚，尚未足额缴纳罚没款的，但法律、行政法规另有规定，或者减持资金用于缴纳罚没款的除外；

（四）中国证监会规定的其他情形。

第八条 存在下列情形之一的，上市公司控股股东、实际控制人不得减持本公司股份：

（一）上市公司因涉嫌证券期货违法犯罪，被中国证监会立案调查或者被司法机关立案侦查，或者被行政处罚、判处刑罚未满六个月的；

（二）上市公司被证券交易所公开谴责未满三个月的；

（三）上市公司可能触及重大违法强制退市情形，在证券交易所规定的限制转让期限内的；

（四）中国证监会规定的其他情形。

第九条　大股东计划通过证券交易所集中竞价交易或者大宗交易方式减持股份的，应当在首次卖出前十五个交易日向证券交易所报告并披露减持计划。

减持计划应当包括下列内容：

（一）拟减持股份的数量、来源；

（二）减持的时间区间、价格区间、方式和原因。减持时间区间应当符合证券交易所的规定；

（三）不存在本办法第七条、第八条、第十条、第十一条规定情形的说明；

（四）证券交易所规定的其他内容。

减持计划实施完毕的，大股东应当在二个交易日内向证券交易所报告，并予公告；在预先披露的减持时间区间内，未实施减持或者减持计划未实施完毕的，应当在减持时间区间届满后的二个交易日内向证券交易所报告，并予公告。

第十条　存在下列情形之一的，控股股东、实际控制人不得通过证券交易所集中竞价交易或者大宗交易方式减持股份，但已经按照本办法第九条规定披露减持计划，或者中国证监会另有规定的除外：

（一）最近三个已披露经审计的年度报告的会计年度未实施现金分红或者累计现金分红金额低于同期年均归属于上市公司股东净利润的百分之三十的，但其中净利润为负的会计年度不纳入计算；

（二）最近二十个交易日中，任一日股票收盘价（向后复权）低于最近一个会计年度或者最近一期财务报告期末每股归属于上市公司股东的净资产的。

第十一条 最近二十个交易日中，任一日股票收盘价（向后复权）低于首次公开发行时的股票发行价格的，上市公司首次公开发行时的控股股东、实际控制人及其一致行动人不得通过证券交易所集中竞价交易或者大宗交易方式减持股份，但已经按照本办法第九条规定披露减持计划，或者中国证监会另有规定的除外。

上市公司在首次公开发行时披露无控股股东、实际控制人的，首次公开发行时持股百分之五以上的第一大股东及其一致行动人应当遵守前款规定。

前两款规定的主体不具有相关身份后，应当继续遵守本条前两款规定。

第十二条 大股东通过证券交易所集中竞价交易减持股份，或者其他股东通过证券交易所集中竞价交易减持其持有的公司首次公开发行前发行的股份的，三个月内减持股份的总数不得超过公司股份总数的百分之一。

第十三条 大股东通过协议转让方式减持股份，或者其他股东通过协议转让方式减持其持有的公司首次公开发行前发行的股份的，股份出让方、受让方应当遵守证券交易所有关协议转让的规定，股份受让方在受让后六个月内不得减持其所受让的股份。

大股东通过协议转让方式减持股份，导致其不再具有大股东身份的，应当在减持后六个月内继续遵守本办法第九条、第十二条、第十四条的规定。控股股东、实际控制人通过协议转让方式减持股份导致其不再具有控股股东、实际控制人身份的，还应当在减持后六个月内继续遵守本办法第十条的规定。

第十四条 大股东通过大宗交易方式减持股份，或者其他股东通过大宗交易方式减持其持有的公司首次公开发行前发行的股份的，三个月内减持股份的总数不得超过公司股份总数的百分之二；股份受让方在受让后六个月内不得减持其所受让的股份。

第十五条 股东因司法强制执行或者股票质押、融资融券、约定购回式证券交易违约处置等减持股份的，应当根据具体减持方式分别适用本办法的相关规定，并遵守证券交易所的相关规则。

大股东所持股份被人民法院通过证券交易所集中竞价交易或者大宗交易方式强制执行的，应当在收到相关执行通知后二个交易日内披露，不适用本办法第九条第一款、第二款的规定。披露内容应当包括拟处置股份数量、来源、减持方式、时间区间等。

第十六条 因离婚、法人或者非法人组织终止、公司分立等导致上市公司大股东减持股份的，股份过出方、过入方应当在股票过户后持续共同遵守本办法关于大股东减持股份的规定；上市公司大股东为控股股东、实际控制人的，股份过出方、过入方还应当在股票过户后持续共同遵守本办法关于控股股东、实际控制人减持股份的规定。法律、行政法规、中国证监会另有规定的除外。

第十七条 因赠与、可交换公司债券换股、认购或者申购 ETF 等导致上市公司股东减持股份的，股份过出方、过入方应当遵守证券交易所的规定。

第十八条 大股东不得融券卖出本公司股份，不得开展以本公司股票为合约标的物的衍生品交易。

持有的股份在法律、行政法规、中国证监会规章、规范性文件、证券交易所规则规定的限制转让期限内或者存在其他不得减持情形的，上市公司股东不得通过转融通出借该部分股份，不得融券卖出本公司股份。上市公司股东在获得具有限制转让期限的股份前，存在尚未了结的该上市公司股份融券合约的，应当在获得相关股份前了结融券合约。

第十九条 上市公司股东通过询价转让、配售等方式减持首次公开发行前发行的股份的，应当遵守证券交易所关于减持方式、程序、价格、比例及后续转让事项的规定。

第二十条 大股东与其一致行动人应当共同遵守本办法关于大股东减持股份的规定。控股股东、实际控制人与其一致行动人应当共同遵守本办法关于控股股东、实际控制人减持股份的规定。

本办法规定的一致行动人按照《上市公司收购管理办法》认定。

第二十一条 大股东与其一致行动人解除一致行动关系的，相关方应当在六个月内继续共同遵守本办法关于大股东减持股份的规定。大股东为控股股东、实际控制人的，相关方还应当在六个月内继续共同遵守本办法第八条、第十条的规定。

第二十二条 计算上市公司股东持股比例时，应当将其通过普通证券账户、信用证券账户以及利用他人账户所持同一家上市公司的股份，以及通过转融通出借但尚未归还或者通过约定购回式证券交易卖出但尚未购回的股份合并计算。

第二十三条 上市公司披露无控股股东、实际控制人的，第一大股东应当遵守本办法关于控股股东、实际控制人的规定，但是持有上市公司股份低于百分之五的除外。

第二十四条 上市公司董事、监事、高级管理人员以及核心技术人员或者核心业务人员等减持本公司股份的，还应当遵守《上市公司董事、监事和高级管理人员所持本公司股份及其变动管理规则》等中国证监会其他规定以及证券交易所规则。

第二十五条 存托凭证持有人减持境外发行人在境内发行的存托凭证的，参照适用本办法。

第二十六条 中国证监会、证券交易所对创业投资基金、私募股权投资基金等减持股份另有规定的，从其规定。

第二十七条 中国证监会对北京证券交易所上市公司股东减持股份另有规定的，从其规定。

第二十八条 上市公司股东、实际控制人不得通过任何方式或者安排规避本办法、中国证监会其他规定以及证券交易所的规则。

第二十九条 上市公司股东减持股份违反本办法、中国证监会其他规定的，为防范市场风险，维护市场秩序，中国证监会可以采取责令购回违规减持股份并向上市公司上缴价差、监管谈话、出具警示函等监管措施。

上市公司股东按照前款规定购回违规减持的股份的，不适用《证券法》第四十四条的规定。

第三十条 上市公司股东存在下列情形之一的，中国证监会依照《证券法》第一百八十六条处罚；情节严重的，中国证监会可以对有关责任人员采取证券市场禁入的措施：

（一）违反本办法第七条、第八条、第十条、第十一条、第十三条、第十四条规定，在不得减持的期限内减持股份的；

（二）违反本办法第九条规定，未预先披露减持计划，或者披露的减持计划不符合规定减持股份的；

（三）违反本办法第十二条、第十四条规定，超出规定的比例减持股份的；

（四）违反本办法第十五条、第十六条、第十八条、第二十条、第二十一条规定减持股份的；

（五）其他违反法律、行政法规和中国证监会规定减持股份的情形。

第三十一条 本办法自公布之日起施行。《上市公司股东、董监高减持股份的若干规定》（证监会公告〔2017〕9 号）同时废止。

解读《上市公司股东减持股份管理暂行办法》

中国证券监督管理委员会相关负责人

为贯彻落实《国务院关于加强监管防范风险推动资本市场高质量发展的若干意见》《中国证券监督管理委员会关于加强上市公司监管的意见（试行）》，进一步规范股份减持行为，经认真研究评估，中国证券监督管理委员会（以下简称证监会）在《上市公司股东、董监高减持股份的若干规定》（以下简称《减持规定》）基础上，研究起草了《上市公司股东减持股份管理暂行办法》（以下简称《减持管理办法》），现将主要情况说明如下。

一、背景情况

减持制度是资本市场的一项重要基础性制度。近年来，证监会坚持资本市场一般规律与国情市情相结合，持续深化对股东减持行为的认识，不断评估完善减持制度，逐步形成较为成熟、相对稳定的制度架构，在维护市场稳定、保护中小投资者权益等方面发挥了积极作用。

2023年以来，离婚式减持、股东减持与分红挂钩等问题引发市场关注。为回应各方关切，证监会、证券交易所及时明确了相关监管政策，要求离婚分割后各方持续共同遵守原有的减持限制，要求控股股东、实际控制人在公司破发破净或者分红不达标情形下不得通过二级市场减持股份。从实践看，规范减持的新政策得到了市场的积极评价和认可。

近期，《国务院关于加强监管防范风险推动资本市场高质量发展的若干意见》《中国证券监督管理委员会关于加强上市公司监管的意见（试行）》提出全面完善减持规则体系、严格规范大股东减持行为、有效防范绕道减持、严厉打击各类违规减持等举措。《减持管理办法》落实相关要求，进一步加强对股东减持行为的规范，维护市场交易秩序。

二、主要内容

《减持管理办法》基本保持《减持规定》的框架和主体内容，对市场反映的突出问题作出针对性调整完善，主要包括以下五个方面。

一是完善减持规则体系。以规章的形式发布《减持管理办法》，将《减持规定》中规范董事、监事和高级管理人员减持的相关要求移至《上市公司董事、监事和高级管理人员所持本公司股份及其变动管理规则》，并做好与《上市公司创业投资基金股东减持股份的特别规定》的衔接，形成“1+2”规则体系。

二是严格规范大股东减持。明确控股股东、实际控制人在破发破净、分红不达标等情形下不得通过集中竞价或者大宗交易减持，但减持集中竞价买入的股份或者因不存在相关情形已经披露减持计划的除外；增加大股东大宗交易减持前的预披露义务；要求大股东、实际控制人的一致行动人与大股东共同遵守减持要求；优化大股东禁止减持的情形，明确控股股东、实际控制人在上市公司和自身违法违规情形下都不得减持，一般大股东在自身违法违规情形下不得减持。

三是有效防范绕道减持。明确因离婚、法人或非法人组织终止、公司分立等原因减持股份后，相关方应当持续共同遵守减持限制，法律、行政法规、证监会另有规定的除外；明确一致行动关系解除后各方在六个月内继续共同遵守减持限制；明确协议转让后受让方锁定六个月，丧失大股东身份的出让方在六个月内继续遵守相关限制；明确司法强制执行、质押融资融券违约处置等按照减持方式的不同遵守《减持管理办法》，明确司法强制执行被动处置的预披露时点；禁止大股东融券卖出或者参与以本公司股票为标的物的衍生品交易，禁止限售股转融通出借、限售股股东融券卖出。

四是细化违规责任条款。明确对违规减持可以采取“责令购回并向上市公司上缴价差”的措施；增加监管谈话、出具警示函等监管措施；细化应予处罚的具体情形，加大对违规减持的打击追责力度。

五是强化大股东、董事会秘书的责任。要求上市公司大股东规范、理性、有序实施减持，充分关注上市公司及其中小股东的利益；要求上市公司董事会秘书定期检查大股东减持本公司股票的情况，发现违法违规的，及时报告。

三、公开征求意见情况

2024年4月12日至4月27日，《减持管理办法》向社会公开征求意见，共收到意见建议175条。总体看，社会各方对《减持管理办法》的出台表示认可支持，认为办法进一步规范大股东特别是控股股东、实际控制人减持行为，堵住各类绕道减持漏洞，将对重塑市场生态产生积极、有利影响。主要建议及采纳情况如下。

（一）关于大股东减持受限的范围

有意见提出，控股股东、实际控制人集中竞价买入的股份如适用“破发破净、分红不达标不得通过集中竞价交易或者大宗交易方式减持”的要求，可能影响其二级市场增持积极性。经研究，采纳相关意见，作了排除适用的安排。

有意见提出，建议将第二条规定的“上市公司公开发行股份”修改为“上市公司向不特定对象或者特定对象公开发行股份”。经研究，修改为“首次公开发行、上市公司向不特定对象或者特定对象公开发行股份”。相关意见已采纳。

（二）关于破发破净、分红不达标不得通过集中竞价交易或者大宗交易方式减持的要求

有意见提出，建议将最近三年分红不足年均净利润30%提高至

50%、60%或者90%。有意见提出，建议将分红金额和融资金额挂钩，分红不足融资金额前不得减持。经研究，按照公司法的规定，分红规模主要取决于公司利润积累，和融资规模并无必然联系，二者挂钩缺少法规依据，还可能加剧大股东的逆向选择，不顾上市公司经营实际和长远利益，加快分红甚至"异常分红"，不利于督促形成长期稳定、可持续、可预期的分红理念。因此，《减持管理办法》与其他分红规则规定的指标保持基本一致，相关意见未采纳。

有意见提出，建议对破发不得减持增加时间期限（如三年）或者限定于近十年、五年上市的公司。有意见提出，建议破发情形下限制所有的首发前股东减持。考虑到控股股东、实际控制人负有特殊的义务和责任，有必要对其增强约束。相关意见未采纳。

（三）关于离婚分割后减持的适用规则

有意见提出，建议明确对《减持管理办法》施行前因离婚、法人或者非法人组织终止、公司分立等减持股份的，是否追溯适用。经研究，按照离婚、法人或者非法人组织终止、公司分立等分割股票过户的时点进行新老划断，股票过户在《减持管理办法》施行前的，按照当时的规定及证券交易所的规则执行；在《减持管理办法》施行后的，按照《减持管理办法》执行。

（四）关于质押违约处置的适用规则

有意见提出，建议豁免质押违规处置的预披露义务。有意见提出，建议股票质押违约处置不适用协议转让受让方锁定六个月以及减持与公司股价、分红挂钩的规则。经研究，股票质押违约处置不应突破股票原有的限制性要求。但是，考虑到股票质押发生时质权人的预期，在质押违约、融资融券违约处置等适用"破发破净、分红不达标不得通过集中竞价交易或者大宗交易方式减持"的规则时，以质押登记或者作为融资融券业务担保物的时点新老划断，在《减持管理办法》施行前已办理质押登记或者已作为融资融券业务担保物的，因违约处置导致的股份减持按照当时的规定及证券交易所的规则执行；在《减持管理办法》施行后办理质押登记或者作为融资融券业务担保物的，按照《减持管理办法》执行。相关意见已部分采纳。

（来源：中国证券监督管理委员会网站）

自然资源部办公厅　国家林业和草原局办公室

国家金融监督管理总局办公厅

关于落实深化集体林权制度改革要求规范高效做好林权类不动产登记工作的通知

2024年5月21日　　　　自然资办发〔2024〕24号

各省、自治区、直辖市自然资源主管部门、林业和草原主管部门，新疆生产建设兵团自然资源局、林业和草原局，国家金融监督管理总局各监管局，各政策性银行、大型银行、股份制银行：

为贯彻落实党中央、国务院深化集体林权制度改革要求，依法维护林农和林业经营者合法权益，服务支撑绿色发展，现就规范高效做好林权类不动产登记工作通知如下。

一、落实原林权证不变不换要求。各地要妥善处理原林权证与不动产权证的关系，坚持依法颁发的原林权证继续有效，权利不变动，不得强制要求换证。对已登记但尚未发放到权利人的林权证，未经法定程序，不得随意收回和注销。林权权利人以原林权证申请办理抵押登记的，除存在权利交叉重叠、权属不清、证地不符等问题或法律规定不得抵押的情形外，自然资源部门应当办理，并为银行业金融机构等抵押权人颁发不动产登记证明，自然资源部门和银行业金融机构等抵押权人不得强制要求先换证再办理抵押登记，但抵押权人与抵押人沟通一致申请换证的除外；林权抵押存续期间，抵押人与抵押权人沟通一致申请换证的，无需解除原抵押登记。自然资源部门在办理后续林权登记时，要最大限度利用原林权登记资料，原林权证范围内存在非林地但无权属交叉重叠的，不影响产权归属。

二、规范林权登记受理和审核。申请人持原林权证办理林权变更、转移等登记时，除法定不予受理的情形外，自然资源部门不得以原林权登记精度不高、数据未移交整合等原因不予受理，不得随意增加登记材料。受理后，要依法依规进行登记审核，按程序颁发不动产权证书，不得采取在原林权证上简单标注，加盖不动产登记专用章的方式办理登记，避免将历史遗留问题带入新增登记中。集体所有的林地，不单独登记集体林地所有权，统一纳入集体土地所有权登记。

三、稳定林地承包经营权登记。坚持尊重农民意愿，保护农民权益，确保绝大多数农户原有承包林地继续保持稳定。对承包到户的林地，林草部门要加强林地承包合同管理；对于林地承包合同权属清晰、面积准确的，自然资源部门根据合同依申请办理林地承包经营权登记。对于家庭承包的林地，农户自愿流转林地经营权的，仍享有林地承包经营权，不得随意收回或注销承包户的林权证。

四、完善林地经营权登记。适应发展林业适度规模经营的要求，林草部门要加强林地承包、流转合同管理，规范林地经营权流转。自然资源部门根据承包、流转合同，依申请办理林地经营权登记，对流转期限5年以上（含5年）的林地经营权，由承包方和受让方共同申请；对以家庭承包以外方式承包的，由承包方申请；对由集体经济组织统一经营的，由集体经济组织申请办理林地经营权登记。各地要在不动产登记信息管理基础平台中增设林权登记模块，按照国家数据库标准增加“林地经营权”权利类型等字段，可单独设置经营权图层，规范做好林地经营权登记，为林地经营权依法流转和抵押融资提供支撑保障。

五、创新开展林权地籍调查。根据《深化集体林权制度改革方案》关于集体林权首次登记相关经费纳入地方财政预算和补充地籍调查由政府组织开展的有关要求，集体林权首次登记和原林权登记成果不完善确需开展地籍调查的，自然资源部门和林草部门要按照政府明确的分工，联合开展地籍调查，不得向当事人收取调查费用。其他由当事人自行委托开展地籍调查的，任何部门和个人不得指定调查机构。集体林权地籍调查要发挥村组作用，根据权属来源资料，充分利用全国国土调查、高分辨率影像图、实景三维数据等成果，以内业为主开展调查指界，无法通过内业确定权属界线的，再进行外业调查。鼓励具备条件的地方，由省级统筹组织开展林权地籍调查底图制作、软件开发和信息系统配发等工作，服务支撑市县开展地籍调查、数据整合建库等工作。林权地籍调查成果纳入地籍调查数据库统一管理。

六、优化林权登记办理流程。要围绕高效办好“一本证”，加快落实“一网、一门、一次”要求，自然资源部门受理林权登记申请后，涉及合同信息核验等事项的，由林草部门配合并联办理。自然资源和林草部门要加强林权登记信息和林地被征占用、林木采伐、退耕还林等林地管理信息共享，推动不动产登记信息管理基础平台与林权综合监管系统有效对接，让数据多跑路、群众少跑腿。各地要完善便民服务举措，支持有条件的地方将登记窗口向乡镇、村组延伸，向银行等金融机构延伸，积极推进“林权登记 金融”无缝衔接“一站式”服务，努力提高林权登记效率。探索符合农村实际的“互联网 林权登记”，利用远程线上办理林权登记申请、指界签章等事项。鼓励登记上门服务、节假日预约无休和延时服务等便民举措，方便进城务工林农办理登记。

七、协同推进历史遗留问题清理规范。各地要将林权登记数据整合建库和历史遗留问题化解作为深化集体林权制度改革工作的一项重要内容，因地制宜出台历史遗留问题化解政策，积极构建政府主导，自然资源和林草部门按照职责分工牵头负责，其他相关部门和乡镇政府、村组共同参与的林权登记历史遗留问题化解工作机制，组建专门工作力量，协同做好资料收集完善、合同签订、地籍调查、纠纷化解等工作。原林权登记图件缺失、界址不清确需开展补充调查，调查后涉及合同信息调整的，应当变更合同后再进行登记。有条件、有需求的地方，在充分尊重群众意愿的基础上，可稳妥探索以村为单位，结合发包、延包工作，开展整村地籍调查，集中清理规范历史遗留问题。对于存在林地、林木权属争议的，落实“属地处理”原则，由乡、县、市、省按法律规定的情形分级调处，鼓励农户之间的林权纠纷在村一级就地化解。各地林权登记历史遗留问题化解进展情况要通过不动产登记月报系统及时报部。

解读《自然资源部办公厅、国家林业和草原局办公室、国家金融监督管理总局办公厅关于落实深化集体林权制度改革要求 规范高效做好林权类不动产登记工作的通知》

自然资源部办公厅等部门相关负责人

2024 年 5 月 21 日，自然资源部办公厅、国家林业和草原局办公室、国家金融监督管理总局办公厅联合印发《关于落实深化集体林权制度改革要求 规范高效做好林权类不动产登记工作的通知》（以下简称《通知》），对如何规范高效做好林权登记等提出了明确规定和要求。

一、《通知》出台的背景

“山定权、树定根、人定心”。做好林权登记对明晰林业产权、保障林权流转、支撑林权融资具有重要作用，是深化集体林权制度改革的重要内容。2023 年 9 月，中共中央办公厅、国务院办公厅印发《深化集体林权制度改革方案》，对林权登记存量数据整合移交、历史遗留问题化解、地籍调查和信息共享等工作提出明确要求，为做好新时期林权类不动产登记指明了方向，提供了基本遵循。

近年来，随着集体林权制度改革的深入，林权流转市场日趋活跃，登记业务需求大幅增长，自然资源部会同国家林业和草原局等部门，通过出台文件、加强培训、开展试点等方式，加强督促指导，推动林权登记逐步常态化、规范化。但同时也发现，在实际工作中，仍存在一些影响林权登记办理的“堵点”、难点问题，比如，有的地方对原林权证“不变不换”理解不到位，出现原林权证无法办理抵押的问题；有的地方因为存在历史遗留问题，办理后续登记有时会“卡壳”；有的地方对保持林地承包经营权长期稳定的政策理解和落实不够到位，林地经营权登记办理规则还不够明确；地方普遍反映林权地籍调查难度大、成本高，需要创新符合林业特点的地籍调查方式方法；还有的地方林权登记与林业管理业务协同和信息共享不够便利，影响了林权登记规范高效办理。对此，亟须在制度和政策层面进一步明确工作要求、加强指导。

为贯彻落实党中央、国务院决策部署，顺应深化集体林权制度改革要求，服务群众林权登记办理需求，自然资源部会同国家林业和草原局、国家金融监督管理总局，聚焦基层反映的林权登记“堵点”、难点问题，围绕规范高效做好林权登记工作目标，制定出台了《通知》。

二、《通知》起草过程中的主要工作

自然资源部会同国家林业和草原局、国家金融监督管理总局，根据中央精神，结合基层实际，认真做好《通知》研究起草工作，主要有以下三个方面：一是深入调查研究。围绕影响林权登记规范高效办理的“堵点”、难点问题，赴福建、宁夏、辽宁、云南、甘肃、重庆等地开展实地调研；向浙江、安徽、江西、广西、甘肃等地开展书面调研；梳理浙江、广西、黑龙江等地印发的林权登记政策文件，深入分析研究，总结提炼各地经验做法。二是组织专家研讨。围绕林权地籍调查情形、调查主体、调查方式方法等重点问题，自然资源部登记局会同有关单位组织专家认真研究、深入研讨，明确处理思路和工作要求。三是广泛征求意见。在《通知》起草过程中，自然资源部登记局与国家林业和草原局发改司、国家金融监督管理总局法规司多次沟通，广泛征求地方登记机构、林草部门和金融机构意见，听取各方面意见建议。

三、《通知》的工作内容

《通知》围绕贯彻落实深化集体林权制度改革部署，从以下七个方面提出了具体举措和工作要求。一是进一步明确和强调原林权证"不变不换"要求。坚持原依法颁发的林权证继续有效，不得强制要求换证，不得随意收回和注销原林权证；不得强制要求先换证再办理抵押登记；要最大限度利用原林权登记资料办理后续登记，原林权证范围内存在非林地但无权属交叉重叠的，不影响产权归属。二是对林权登记受理和审核作出有针对性的规范。除法定不予受理的情形外，自然资源部门不得以原林权登记精度不高、数据未整合等原因不予受理；林权登记受理后要依法依规审核，按程序颁发不动产权证书，不得采取在原林权证上简单标注，加盖不动产登记专用章的方式办理登记；集体林地所有权统一纳入集体土地所有权登记。三是明确规定保障农户的林地承包经营权长期稳定。坚持尊重农民意愿，保护农民权益，确保农户原有承包林地继续保持稳定；林草部门要加强林地承包合同管理；自然资源部门根据合同依申请办理林地承包经营权登记；对于家庭承包的林地，农户自愿流转林地经营权的，仍享有林地承包经营权，不得随意收回或注销承包户的林权证。四是细化林地经营权登记规则，支持林业适度规模经营。明确了林地经营权登记的适用情形和申请主体；提出林草部门要加强林地承包、流转合同管理；各地要在不动产登记信息管理基础平台中增加"林地经营权"权利类型等字段，可单独设置经营权图层，为林地经营权依法流转和抵押融资提供支撑。五是创新方式方法，开展适应林业特点的林权地籍调查。明确集体林权首次登记和原林权登记成果不完善确需开展地籍调查的，自然资源和林草部门要按照政府明确的分工，联合开展地籍调查，不得向当事人收取调查费用；提出创新"内业为主、外业为辅"的地籍调查方法。六是制定便民利民服务举措，优化林权登记办理。围绕高效办好"一本证"，提出强化林草部门与登记机构业务协同和信息共享，落实林权登记“一窗受理、并联办理”；推动不动产登记信息管理基础平台与林权综合监管系统有效对接；要求各地进一步完善便民利民服务举措等。七是建立工作机制，协同化解历史遗留问题。要求各地因地制宜出台历史遗留问题化解政策；积极构建政府主导，自然资源和林草部门按照职责分工牵头负责，其他相关部门和乡镇政府、村组共同参与的协同化解工作机制；要求落实“属地处理”原则，由乡、县、市、省按法律规定的情形分级调处，鼓励农户之间纠纷在村一级就地化解。

四、《通知》提出的创新举措

一是明确原林权证可以直接办理抵押登记，换证无须解抵押。针对部分地方要求先换证再办理抵押登记，先解押再换证等问题，自然资源部会同国家金融监督管理总局，通过深入调研和认真研究，在《通知》中明确了以下要求：第一，以原林权证申请办理抵押登记的，除存在权利交叉重叠、权属不清、证地不符等问题或法律规定不得抵押的情形外，自然资源部门和银行业金融机构等抵押权人不得强制要求先换证再办理抵押登记，但抵押权人与抵押人沟通一致申请换证的除外；第二，抵押存续期间，抵押人与抵押权人沟通一致申请换证的，无须解除原抵押登记。

二是提出林地经营权登记办理要求。为适应发展林业适度规模经营的要求，《通知》进一步明确了自然资源部门根据承包、流转合同，依申请办理林地经营权登记，对流转期限五年以上（含五年）的林地经营权，由承包方和受让方共同申请；对以家庭承包以外方式承包的，由承包方申请；对由集体经济组织统一经营的，由集体经济组织申请办理林地经营权登记。

三是创新实用、便捷的林权地籍调查方法。针对林权地籍调查难度大、成本高等问题，《通知》总结基层好的经验做法，提出集体林权地籍调查要发挥村组作用，根据权属来源资料，充分利用全国国土调查、高分辨率影像图、实景三维数据等成果，以内业为主开展调查指界，无法通过内业确定权属界线的，再进行外业调查，切实降低林权地籍调查成本，提高调查效率。

四是提高群众办证便利度。加快落实“一网、一门、一次”要求，优化林权登记办理流程。《通知》要求，自然资源部门受理林权登记申请后，涉及合同信息核验等事项的，由林草部门配合并联办理。支持有条件的地方将登记窗口向乡镇、村组延伸，向银行等金融机构延伸，积极推进“林权登记+金融”无缝衔接一站式服务，探索符合农村实际的“互联网+林权登记”，鼓励登记上门服务、节假日预约无休和延时服务等便民举措，方便进城务工林农办理登记。

五是探索集中清理规范历史遗留问题的路径方法。针对基层普遍反映的林权登记历史遗留问题化解难的问题，在《自然资源部办公厅、国家林业和草原局办公室关于清理规范林权确权登记历史遗留问题的指导意见》（自然资办发〔2023〕52号）分类提出历史遗留问题处理意见的基础上，《通知》进一步提出有条件、有需求的地方，在充分尊重群众意愿的基础上，可稳妥探索以村为单位，结合发包、延包工作，开展整村地籍调查，集中清理规范历史遗留问题。

下一步，我们将分层分级加强林权登记政策线上线下培训和业务交流，指导基层登记机构加快提升林权登记业务能力。加大政策宣传力度，及时回应社会关切。开展试点探索，推广好经验好做法。加强摸排监测和督促指导，推动林权登记政策落地见效，规范高效做好林权登记，更好服务支撑深化集体林权制度改革。

（来源：自然资源部网站）

地方法规、地方规章与解读

广东省法律援助条例

（1999年8月5日广东省第九届人民代表大会常务委员会第十一次会议通过　2006年9月28日广东省第十届人民代表大会常务委员会第二十七次会议第一次修订　2016年2月26日广东省第十二届人民代表大会常务委员会第二十四次会议第二次修订　2024年3月29日广东省第十四届人民代表大会常务委员会第九次会议第三次修订）

第一章　总　　则

第一条　为了规范和促进法律援助工作，保障公民和有关当事人的合法权益，保障法律正确实施，维护社会公平正义，根据《中华人民共和国法律援助法》和有关法律、行政法规，结合本省实际，制定本条例。

第二条　法律援助工作坚持中国共产党领导，坚持以人民为中心，尊重和保障人权，遵循公开、公平、公正的原则，实行国家保障与社会参与相结合。

第三条　县级以上人民政府应当将法律援助工作纳入国民经济和社会发展规划、基本公共服务体系，健全法律援助保障体系，将法律援助所需经费列入本级政府预算并建立动态调整机制，保障法律援助事业与经济社会协调发展。

省、地级以上市人民政府可以对困难地区给予补助，促进法律援助均衡发展。

第四条 县级以上人民政府司法行政部门指导、监督本行政区域的法律援助工作。

县级以上人民政府其他有关部门依照各自职责，为法律援助工作提供支持和保障。

乡镇人民政府、街道办事处应当协同做好法律援助工作。

第五条 人民法院、人民检察院、公安机关应当在各自职责范围内保障当事人依法获得法律援助，为法律援助人员开展工作提供便利。

第六条 县级以上人民政府司法行政部门应当设立法律援助机构。法律援助机构负责组织实施法律援助工作，受理、审查法律援助申请，指派或者安排律师、基层法律服务工作者、法律援助志愿者等法律援助人员提供法律援助，支付法律援助补贴。

第七条 律师协会应当指导和支持律师事务所、律师参与法律援助工作，按照规定将履行法律援助义务的情况纳入年度考核内容，督促律师遵守职业道德和执业纪律，配合司法行政部门加强法律援助宣传、人员培训和服务质量管理。

第八条 鼓励和支持群团组织、事业单位、社会组织在司法行政部门指导下，利用自身资源依法提供法律援助。支持符合条件的志愿者参与法律援助工作。

鼓励和支持企业事业单位、社会组织和个人等社会力量，依法通过捐赠等方式为法律援助事业提供支持；对符合条件的，依法给予税收优惠。

第九条 法律援助机构和法律援助人员应当依法履行职责，遵守服务规范，及时为受援人提供符合标准的法律援助服务，确保法律援助质量。

省人民政府司法行政部门应当建立健全法律援助质量标准和质量评估体系。

第十条 司法行政部门应当加强法律援助宣传教育，普及法律援助知识。

广播、电视、报刊、互联网等媒体应当开展法律援助公益宣传，并加强舆论监督。

第十一条 县级以上人民政府对在法律援助工作中做出突出贡献的组织和个人，按照有关规定给予表彰、奖励。

第二章 形式与范围

第十二条 法律援助机构可以组织法律援助人员依法提供下列形式的法律援助服务：

（一）法律咨询；

（二）代拟法律文书；

（三）刑事辩护与代理；

（四）民事案件、行政案件、国家赔偿案件的诉讼代理及非诉讼代理；

（五）值班律师法律帮助；

（六）劳动争议调解与仲裁代理；

（七）法律、法规、规章规定的其他形式。

第十三条 经济困难公民、符合法定条件的其他当事人在遇有法律问题或者因合法权益受到侵害主张相关权利时没有委托代理人的，可以向法律援助机构申请法律援助。

刑事案件的犯罪嫌疑人、被告人因经济困难或者其他原因没有委托辩护人的，本人及其近亲属可以向法律援助机构申请法律援助。

第十四条 刑事案件的犯罪嫌疑人、被告人属于下列人员之一，没有委托辩护人的，人民法院、人民检察院、公安机关应当通知法律援助机构指派律师担任辩护人：

（一）未成年人；

（二）视力、听力、言语残疾人；

（三）不能完全辨认自己行为的成年人；

（四）可能被判处无期徒刑、死刑的人；

（五）高级人民法院死刑复核案件的被告人；

（六）缺席审判案件的被告人；

（七）法律法规规定的其他人员。

其他刑事案件中通知法律援助机构指派律师担任辩护人的，按照国家和省的规定执行。

第十五条 符合本条例第十四条第一款规定情形的犯罪嫌疑人、被告人拒绝法律援助机构指派的律师为其辩护的，人民法院、人民检察院、公安机关应当查明拒绝的原因，有正当理由的，应当准许，将犯罪嫌疑人、被告人拒绝辩护的情况书面告知法律援助机构，同时告知犯罪嫌疑人、被告人需另行委托辩护人。犯罪嫌疑人、被告人未另行委托辩护人的，人民法院、人民检察院、公安机关应当依法通知法律援助机构另行指派律师为其提供辩护。

第十六条 人民法院审理强制医疗案件，被申请人或者被告人没有委托诉讼代理人的，应当通知法律援助机构指派律师为其提供法律援助。

第十七条 法律援助机构根据需要在人民法院、人民检察院、看守所等办案机关、监管场所派驻值班律师，依法为没有辩护人的犯罪嫌疑人、被告人提供法律咨询、程序选择建议、申请变更强制措施、对案件处理提出意见等法律帮助，相关单位应当给予协助。

犯罪嫌疑人、被告人认罪认罚的，值班律师还应当提供以下法律帮助：

（一）向犯罪嫌疑人、被告人释明认罪认罚的性质和法律规定；

（二）对人民检察院指控罪名、量刑建议、诉讼程序适用等事项提出意见；

（三）犯罪嫌疑人签署认罪认罚具结书时在场。

第十八条 人民法院、人民检察院、公安机关应当告知没有辩护人的犯罪嫌疑人、被告人有权约见值班律师获得法律帮助，并依法为值班律师了解案件有关情况、阅卷、会见等提供便利。

看守所应当告知犯罪嫌疑人、被告人有权约见值班律师，并为其约见值班律师提供便利。

第十九条 省人民政府应当根据本省经济发展状况和法律援助工作需要制定法律援助经济困难标准，并实行动态调整。

地级以上市人民政府为扩大受援人范围，可以根据本行政区域的实际情况调整法律援助经济困难标准。

法律援助经济困难标准应当向社会公布。

第三章 申请与受理

第二十条 经济困难公民、符合法定条件的其他当事人申请法律援助，由本人或者代理人到法律援助机构当面递交法律援助申请，也可以采用邮寄申请、网络申请等方式。

对依申请提供法律援助的刑事案件，由申请人向人民法院、人民检察院、公安机关所在地的同级司法行政部门所属法律援助机构提出申请。

对劳动争议案件及其他民事法律援助案件、行政法律援助案件、国家赔偿案件，由申请人向有管辖权的劳动人事争议仲裁机构、复议机关、人民法院、赔偿义务机关所在地的同级司法行政部门所属法律援助机构提出申请。

对申请其他法律事务的，由申请人向争议处理机关所在地、义务机关所在地、义务人住所地、被请求人住所地或者事由发生地的法律援助机构提出申请。

行动不便的残疾人，高龄、失能或者部分失能等行动不便的老年人，申请的法律援助事项属于本省审理或者处理的，可以向距离最近的法律援助机构提出申请。法律援助机构对不属于本机构受理范围的，应当及时转交有受理权的法律援助机构。

第二十一条　申请代理、辩护或者代拟法律文书的法律援助，申请人应当如实提交下列申请材料：

（一）法律援助申请表；

（二）居民身份证或者其他有效的身份证明，代理申请人还应当提交有代理权的证明；

（三）经济困难说明材料，或者依法不受经济困难条件限制的证明材料；

（四）与所申请法律援助事项有关的其他材料。

申请人提交的申请材料不齐全的，法律援助机构应当一次性告知申请人需要补充的材料或者要求申请人作出说明。申请人未按要求补充材料或者作出说明的，视为撤回申请。

第二十二条　法律援助申请人有材料证明属于下列人员之一的，免予核查经济困难状况：

（一）无固定生活来源的未成年人、老年人等特定群体；

（二）社会救助、司法救助或者优抚对象；

（三）申请支付劳动报酬或者请求工伤事故人身损害赔偿的进城务工人员；

（四）困难残疾人家庭、一户多残、重度残疾或者无固定生活来源的残疾人；

（五）因经济困难申请并获得法律援助之日起，一年内再次申请法律援助的人员；

（六）刑满释放、解除强制隔离戒毒后无固定生活来源的人员；

（七）法律、法规、规章规定的其他人员。

第二十三条 法律援助申请人有材料证明符合下列情形之一的，不受经济困难条件的限制：

（一）英雄烈士近亲属为维护英雄烈士的人格权益；

（二）因见义勇为行为主张相关民事权益；

（三）再审改判无罪请求国家赔偿；

（四）遭受虐待、遗弃或者家庭暴力的受害人以及刑事案件的未成年被害人主张相关权益；

（五）服刑人员就人民法院决定再审或者重新审判的申诉案件申请法律援助；

（六）追索赡养费、抚养费、扶养费；

（七）属于计划生育家庭特别扶助制度扶助对象；

（八）法律、法规、规章规定的其他情形。

第二十四条 无民事行为能力人或者限制民事行为能力人需要法律援助的，可以由其法定代理人依法代为申请。法定代理人侵犯无民事行为能力人、限制民事行为能力人合法权益的，其他法定代理人或者近亲属可以代为提出法律援助申请。没有法定代理人的，可以由申请人所在地的村民委员会、居民委员会、民政部门或者法律法规规定的单位或者人员代为申请。

第二十五条 被羁押的犯罪嫌疑人、被告人、服刑人员，以及强制隔离戒毒人员，可以通过办案机关或者监管场所提出法律援助申请，也可以由其法定代理人或者近亲属代为提出。

相关单位应当在收到法律援助申请后二十四小时内，将申请转交有受理权的法律援助机构，并于三日内通知申请人的法定代理人、近亲属或者委托代理人协助向法律援助机构提供有关证件、证明等材料。

犯罪嫌疑人、被告人、服刑人员、强制隔离戒毒人员没有法定代理人、近亲属，或者其法定代理人、近亲属无法通知的，相关单位应当在转交法律援助申请材料时一并告知有受理权的法律援助机构。

第二十六条 人民法院、人民检察院、公安机关通知辩护的刑事法律援助案件，由人民法院、人民检察院、公安机关所在地的同级司法行政部门所属法律援助机构统一组织办理。

值班律师法律帮助案件，由人民法院、人民检察院、公安机关所在地的同级司法行政部门所属法律援助机构统一组织办理，也可以由被羁押的犯罪嫌疑人、被告人监管场所所在地的法律援助机构组织办理。

人民法院通知代理的强制医疗案件，由人民法院所在地的同级司法行政部门所属法律援助机构统一组织办理。

第二十七条 两个以上法律援助机构都有权受理的法律援助事项，申请人可以向其中一个法律援助机构申请。

申请人就同一事项向两个以上有权受理的法律援助机构提出申请的，由最先收到申请的法律援助机构受理。

法律援助机构之间发生受理争议时，由发生受理争议的法律援助机构的共同上一级司法行政部门协调解决。

县级人民政府司法行政部门所属法律援助机构受理的案件量过大、超过其办理能力的，可以报请地级以上市人民政府司法行政部门按照就近、便利的原则协调其他法律援助机构办理。

第二十八条 法律援助机构受理法律援助申请，应当进行登记，接收申请材料，出具接收凭证。

第四章 审查与实施

第二十九条 法律援助机构应当自收到法律援助申请材料之日起七日内进行审查。对免予核查经济困难状况和不受经济困难条件限制的法律援助申请，法律援助机构应当自收到申请材料之日起五日内进行审查。

申请人提供补充材料、作出说明和法律援助机构请求异地法律援助机构协作核查的时间，不计入审查决定期限。

第三十条 法律援助机构应当根据下列条件，对法律援助申请进行审查：

（一）申请人系公民或者符合法定条件的其他当事人且没有委托代理人或者辩护人；

（二）因维护自身合法权益需要法律援助；

（三）本机构对于申请事项有管辖权；

（四）符合本省的法律援助经济困难标准，或者申请事项依法不受经济困难条件限制。

第三十一条 法律援助机构核查申请人的经济困难状况，可以通过在线核查、现场核查、协助核查等方式调查核实，或者由申请人进行个人诚信承诺。

法律援助机构开展核查工作，公安、民政、人力资源社会保障、政务服务数据管理等有关部门、单位、村民委员会、居民委员会和个人应当予以协助和配合。

第三十二条 法律援助机构审查后认定符合法律援助条件的，应当作出给予法律援助决定并书面通知申请人。

法律援助机构审查后认定不符合法律援助条件的，应当作出不予法律援助决定并书面通知申请人。不予法律援助决定书应当载明不予法律援助的理由及申请人提出异议的期限、途径和方式。

第三十三条 申请人申请法律咨询的，法律援助机构应当即时办理，无须审查和作出法律援助决定。

第三十四条 法律援助机构可以根据不同申请事项确定提供法律援助的形式。案情简单、诉讼标的小的，法律援助机构可以提供法律咨询、代拟法律文书形式的法律援助，也可以指导当事人自行诉讼。

第三十五条 负责审查法律援助申请的法律援助机构工作人员有下列情形之一的，应当回避：

（一）是法律援助事项的申请人、相对人或者申请人、相对人的近亲属；

（二）本人或者其近亲属与申请法律援助事项有直接利害关系。

第三十六条 法律援助机构应当自作出给予法律援助决定之日起三日内指派法律援助人员，并将确定的法律援助人员姓名、联系方式告知受援人。

人民法院、人民检察院、公安机关通知法律援助机构指派律师的，法律援助机构应当自收到通知之日起三日内指派律师并通知相关机关。

对于可能被判处无期徒刑、死刑的人，以及死刑复核案件的被告人，法律援助机构应当指派具有三年以上刑事辩护执业经历的律师担任辩护人。

对于刑事案件的未成年犯罪嫌疑人、被告人及其他未成年受援人，法律援助机构应当指派熟悉未成年人身心特点的律师担任辩护人或者代理人。

第三十七条 有下列情形之一的，法律援助机构可以决定先行提供法律援助：

（一）距法定时效或者期限届满不足七日，需要及时提起诉讼或者申请仲裁、行政复议；

（二）需要立即申请财产保全、证据保全、行为保全或者先予执行；

（三）法律、法规、规章规定的其他紧急或者特殊情形。

受援人应当在法律援助机构确定的期限内补交规定的申请材料。受援人没有在规定的期限内补交申请材料，或者法律援助机构审查认为受援人不符合法律援助条件的，应当终止法律援助。

第三十八条 法律援助人员有下列情形之一的，法律援助机构应当另行指派法律援助人员：

（一）与承办的法律援助事项有利害关系；

（二）依法丧失辩护人或者代理人资格；

（三）因承办法律援助事项过程中的违法违规行为被处罚或者处分；

（四）因疾病、出国留学、长期外出等特殊原因，无法继续承办法律援助事项；

（五）有本条例第四十四条规定的行为之一，法律援助机构决定更换法律援助人员；

（六）其他有必要另行指派法律援助人员的情形。

第三十九条 有下列情形之一的，法律援助机构应当决定终止法律援助：

（一）受援人以欺骗或者其他不正当手段获得法律援助；

（二）受援人故意隐瞒与案件有关的重要事实或者提供虚假证据、材料；

（三）受援人利用法律援助从事违法活动；

（四）受援人的经济状况发生变化，不再符合法律援助条件；

（五）案件依法终止审理或者被撤销；

（六）受援人自行委托其他代理人或者辩护人；

（七）受援人有正当理由要求终止法律援助；

（八）依申请提供法律援助的案件，受援人拒绝法律援助机构指派的法律援助人员为其辩护或者代理；

（九）受援人拒不签署应当由其本人签字的法律文书和有关材料，导致法律援助事项无法办理，但受援人属于本条例第十四条第一款规定情形的除外；

（十）受援人失去联系或者死亡，无法继续为其提供法律援助；

（十一）法律法规规定应当终止的其他情形。

法律援助机构决定终止法律援助的，除前款第十项规定的情形外，应当将终止法律援助决定书送达受援人。

第四十条 申请人、受援人对法律援助机构不予法律援助、终止法律援助决定有异议的，可以自收到决定之日起十五日内向设立该法律援助机构的司法行政部门提出。

司法行政部门应当自收到异议之日起五日内进行审查，作出维持法律援助机构决定或者责令法律援助机构改正的决定。

申请人、受援人对司法行政部门维持法律援助机构决定不服的，可以依法申请行政复议或者提起行政诉讼。

第四十一条 法律援助人员在办结法律援助事项后，应当自结案之日起三十日内向法律援助机构提交符合规定的结案归档文件材料。

法律援助机构应当自收到法律援助人员提交的结案归档文件材料之日起三十日内，依照有关规定向法律援助人员支付法律援助补贴。经法律援助机构负责人批准，法律援助机构也可以根据办案需要于结案前先予支付法律援助补贴。

第五章 保障与监督

第四十二条 省人民政府司法行政部门会同同级财政部门，根据本省经济发展水平和法律援助的服务类型、承办成本、基本劳务费用等因素制定法律援助补贴标准，并实行动态调整。

地级以上市、县级人民政府有关部门可以根据本地经济发展水平，在省制定的补贴标准的基础上适当提高。

第四十三条 受援人在接受法律援助过程中，有权向法律援助机构和法律援助人员了解法律援助事项办理情况。

法律援助机构和法律援助人员应当及时向受援人通报法律援助事项办理情况。

第四十四条 法律援助人员在法律援助过程中未依法履行职责，有下列情形之一的，受援人可以申请法律援助机构更换法律援助人员：

（一）拖延办理法律援助事项；

（二）擅自终止或者转交他人办理法律援助事项；

（三）泄露在办理法律援助事项中知悉的国家秘密、商业秘密和当事人的隐私；

（四）向受援人收取财物或者谋取其他不正当利益；

（五）指使、煽动、教唆、诱导受援人采取非法手段解决争议和纠纷；

（六）与他人恶意串通侵害受援人合法权益；

（七）法律、法规、规章规定的其他未依法履行职责的行为。

法律援助机构应当自受理申请之日起五日内决定是否更换法律援助人员，并告知受援人。

第四十五条　司法行政部门应当建立健全法律援助工作投诉查处制度，向社会公布投诉举报的方式和渠道，接到投诉后，应当依照有关规定受理和调查处理，并及时向投诉人告知处理结果。

第四十六条　人民法院应当根据情况对受援人缓收、减收或者免收诉讼费用；对法律援助人员复制相关材料等费用予以免收或者减收。

受援人凭法律援助机构提供的有效文件申请办理公证、司法鉴定的，公证机构、司法鉴定机构受理后应当减收或者免收公证费用、司法鉴定费用。

受援人凭法律援助机构提供的有效文件申请勘验、评估、审计的，司法机关、行政机关和相关机构依照规定缓收、减收或者免收勘验费、评估费、审计费。

第四十七条　受援人应当协助、配合法律援助机构和法律援助人员的工作，不得有下列行为：

（一）以欺骗、虚假诚信承诺或者其他不正当手段获得法律援助；

（二）故意隐瞒与案件有关的重要事实或者提供虚假证据、材料；

（三）利用法律援助从事违法活动；

（四）无正当理由要求更换法律援助人员；

（五）要求法律援助人员提出没有事实和法律依据的请求；

（六）干扰、妨碍法律援助人员办理法律援助事项或者威胁法律援助人员；

（七）其他不配合法律援助机构和法律援助人员的行为。

第四十八条 律师、律师事务所应当依法履行法律援助义务。本地律师资源不足，无法满足法律援助需求的，由上一级司法行政部门组织协调。

基层法律服务工作者、基层法律服务所应当承担与其工作范围相适应的法律援助义务。

律师、基层法律服务工作者，律师事务所、基层法律服务所无正当理由不得拒绝承办本行政区域法律援助机构指派的法律援助事项。

第四十九条 法律援助人员在办理法律援助事项过程中，可以请求法律援助机构出具必要的证明材料或者与有关机关、单位进行协调，法律援助机构应当在职责范围内予以协助。

法律援助人员办理法律援助事项需要翻译、专家服务的，可以申请法律援助机构协助解决。

第五十条 法律援助人员应当按照法律援助机构要求报告法律援助事项办理情况。

法律援助事项有下列情形之一的，法律援助人员应当及时向法律援助机构报告：

（一）刑事法律援助案件的受援人拒绝其辩护或者代理；

（二）有依法应当终止法律援助的情形；

（三）主要证据认定、适用法律等方面存在重大疑义；

（四）发现与本案存在利害关系或者因客观原因无法继续承办案件；

（五）涉及群体性事件；

（六）有重大社会影响；

（七）其他复杂、疑难情形。

第五十一条 法律援助机构应当建立健全法律援助便民服务窗口，安排法律专业人员免费提供法律咨询服务。

法律援助机构应当在乡镇、街道、村、社区及法律援助需求集中的地区或者单位建立法律援助工作站点，在偏远地区和困难群众集中的地区设立流动工作站巡回受理法律援助申请。

第五十二条 司法行政部门、法律援助机构应当建立法律援助信息公开制度，定期向社会公布法律援助资金使用、案件办理、质量考核结果等情况，接受社会监督。

第五十三条 法律援助机构应当综合运用质量评估、庭审旁听、案卷检查、征询办案机关和回访受援人等方式，加强法律援助质量管理。

第五十四条 人民法院、人民检察院、公安机关、行政复议机关、劳动人事争议仲裁机构和有关部门工作人员在办理案件或者相关事务过程中，应当及时告知当事人如果符合法律援助条件，有权申请法律援助。

第五十五条 县级以上人民政府公安、民政、人力资源社会保障、自然资源、住房城乡建设、市场监管、税务、政务服务数据管理等有关单位应当加强与法律援助机构的协调配合和相关信息数据共享。

第五十六条 司法行政部门应当建立法律援助信用信息记录、归集、推送工作机制，依照国家有关规定建立法律援助申请人诚信档案和虚假承诺失信名单，并共享至同级信用信息平台。

第六章 法律责任

第五十七条 国家机关及其工作人员、法律援助机构及其工作人员，律师事务所、基层法律服务所、律师、基层法律服务工作者在法律援助工作中违反规定的，依照有关法律、法规、规章承担相应的法律责任。

第五十八条 受援人以欺骗或者其他不正当手段获得法律援助的，由司法行政部门责令其支付已实施法律援助的费用，并处一千元以下罚款；情节严重的，并处一千元以上三千元以下罚款。

受援人同时符合纳入虚假承诺失信名单情形的，司法行政部门应当共享至同级信用信息平台。

第五十九条 冒用法律援助名义提供法律服务并谋取利益的，由司法行政部门责令改正，没收违法所得。情节较轻的，并处违法所得一倍罚款；情节较重的，并处违法所得两倍罚款；情节严重的，并处违法所得三倍罚款。

第六十条 法律援助机构未按照办理法律援助事项补贴标准向法律援助人员支付补贴的，由司法行政部门责令改正；情节严重的，对直接负责的主管人员和其他直接责任人员依法给予处分。

第七章 附 则

第六十一条 本条例所称法律援助人员，是指接受法律援助机构指派或者安排，依法为经济困难公民和符合法定条件的其他当事人提供法律援助服务的律师、基层法律服务工作者、法律援助志愿者以及法律援助机构中具有律师资格或者法律职业资格的工作人员。

第六十二条 军人军属申请法律援助，按照国家有关规定执行。

第六十三条 本条例自 2024 年 5 月 1 日起施行。

解读《广东省法律援助条例》

广东省人民代表大会常务委员会相关负责人

法律援助是国家建立的为经济困难公民和符合法定条件的其他当事人无偿提供法律咨询、代理、刑事辩护等法律服务的制度，是公共法律服务体系的组成部分。法律援助作为维护社会公平正义的重要法律制度，是扶贫济弱的民生工程，做好法律援助工作，有利于贯彻公民在法律面前一律平等的宪法原则，使公民不论经济条件好坏和社会地位高低都能获得及时的、必要的法律服务。

作为全国首个省级法律援助地方性法规，《广东省法律援助条例》（以下简称《条例》）自 1999 年实施至今，历经 2006 年、2016 年两次修订，为规范和促进我省法律援助事业发展发挥了重要作用。随着我国经济社会的不断发展，人民群众在民主、法治、公平、正义等方面的需求日益增长，党和国家对法律援助工作也提出了新的要求。党的十八届三中、四中全会明确提出，完善法律援助制度，扩大援助范围。《中共中央办公厅、国务院办公厅关于完善法律援助制度的意见》和《中共广东省委办公厅、广东省人民政府办公厅关于完善法律援助制度的实施意见》也提出了推进法律援助立法工作、提高法治化水平、提高法律援助质量等要求。2022 年 1 月 1 日，法律援助法开始施行，适当扩大了法律援助范围，规定了法律援助的程序，明确了法律援助的保障措施。在这种背景下，《条例》部分条款与上位法、国家和省的相关要求不相适应，已经滞后于法律援助工作高质量发展需要。

这次《条例》修订由省司法厅起草，2023年11月省政府将《条例》修订草案提交省人大常委会审议，于2024年3月29日经省十四届人大常委会第九次会议审议通过，自2024年5月1日起实施。省人大常委会深入贯彻落实上位法和党中央、国务院决策部署以及省委有关要求，在法律援助法规定的基础上，坚持立足我省实际，适应经济社会发展，兼顾区域差异，始终把维护人民群众合法权益作为出发点和落脚点，总结和固化近年来我省法律援助工作的经验成果，对《条例》进行全面修订，为困难群众获得均等普惠、便捷高效的法律援助服务提供有力的法治保障。修订后的《条例》直面我省法律援助工作新问题、新挑战，进一步加大法律援助力度，完善法律援助实施程序、保障监督和法律责任，对推动构建我省法律援助工作高质量发展的新格局，保障公民和有关当事人的合法权益，维护社会公平正义具有重大意义。

一、降低法律援助门槛，优化便民服务制度

在实施和完善法律援助制度的基础上，必须着眼于保护人民的合法权益，服务于人民的法律援助需求。这次修订在法律援助法和2016年《条例》规定的基础上，从加强对困难群众保护的角度出发，不断加大法律援助的力度，进一步推动以人民为中心的法治理念贯彻落实，使法律援助惠及更多贫弱群体。

一是扩大法律援助范围。为适当扩大法律援助覆盖面，《条例》第二十二条、第二十三条结合我省实际情况作了修改，包括放宽残疾人免予核查经济困难状况的条件，将“重度残疾且无固定生活来源”修改为“重度残疾或者无固定生活来源的残疾人”；增加申请法律援助不受经济困难条件限制的情形，将“刑事案件的未成年被害人主张相关权益”和“属于计划生育家庭特别扶助制度扶助对象”列入不受经济困难条件限制的情形，将“追索赡养费、抚养费、扶养费”的情形从免予核查经济困难状况进一步放宽为不受经济困难条件限制等，力求能让

更多需要法律援助的人享受法律援助服务。

二是便捷法律援助申请。为方便群众申请法律援助，《条例》第二十条增加了申请法律援助的方式，规定经济困难公民、符合法定条件的其他当事人申请法律援助，可以到法律援助机构当面递交法律援助申请，也可以采用邮寄申请、网络申请等方式；第五十一条明确了建立法律援助工作站点，规定法律援助机构应当建立健全法律援助便民服务窗口，在乡镇、街道、村、社区及法律援助需求集中的地区或者单位建立法律援助工作站点，在偏远地区和困难群众集中的地区设立流动工作站巡回受理法律援助申请。为进一步便利特殊群体申请法律援助，《条例》第二十条规定行动不便的残疾人，高龄、失能或者部分失能等行动不便的老年人，申请的法律援助事项属于本省审理或者处理的，可以向距离最近的法律援助机构提出申请。

三是先行提供法律援助。《条例》第三十七条规定，对于距法定时效或者期限届满不足七日，需要及时提起诉讼、申请仲裁、行政复议，以及需要立即申请财产保全、证据保全、行为保全或者先予执行等特殊情况，法律援助机构可以决定先行提供法律援助，事后由受援人在法律援助机构确定的期限内补交规定的申请材料。

二、完善法律援助程序，持续提升服务效率

为更好解决人民群众的法律援助需求，法律援助工作在申请提出、案件管辖、审查决定、服务救济等方面有必要更加合理化、规范化。这次修订在2016年《条例》规定的基础上，结合我省实际，积极推动加以理顺，将规范高效贯穿到法律援助的各环节全流程。

一是完善法律援助的管辖原则。为快速便捷处理管辖权争议，《条例》第二十七条规定法律援助机构之间发生受理争议时，由其共同上一级司法行政部门协调解决；同时为解决部分地方法律援助案件量过大问题，增加了法律援助机构受理的案件量过大、超过其办理能力的，可

以报请地级以上市人民政府司法行政部门按照就近、便利的原则协调其他法律援助机构办理的规定。

二是明确法律援助申请的审查标准。为实现应援尽援，《条例》第三十条规定，法律援助机构应当根据下列条件，对法律援助申请进行审查：申请人系公民或者符合法定条件的其他当事人且没有委托代理人或者辩护人；因维护自身合法权益需要法律援助；本机构对于申请事项有管辖权；符合本省的法律援助经济困难标准，或者申请事项依法不受经济困难条件限制；等等。

三是明确异议审查的提出时间。《条例》第四十条规定申请人、受援人对法律援助机构不予法律援助、终止法律援助决定有异议的，可以自收到决定之日起十五日内向设立该法律援助机构的司法行政部门提出。司法行政部门应当自收到异议之日起五日内进行审查，作出维持法律援助机构决定或者责令法律援助机构改正的决定。

三、提升法律援助办案质量，强化法律援助信息公开

法律援助是政府责任，政府有责任对法律援助服务质量进行监督管理。这次修订着眼于加强法律援助质量管理，进一步完善制度规定，对于促进法律援助服务质量的提高、维护法律援助公信力、提高受援群众法治领域获得感具有重要意义。

一是明确法律援助质量监管制度。《条例》第五十三条规定法律援助机构应当综合运用质量评估、庭审旁听、案卷检查、征询办案机关和回访受援人等方式，加强法律援助质量管理。第四十四条完善了更换法律援助人员制度，规定法律援助人员在法律援助过程中未依法履行职责，有拖延办理法律援助事项等七种情形的，受援人可以申请法律援助机构更换法律援助人员。第四十五条明确了投诉查处制度，规定司法行政部门应当建立健全法律援助工作投诉查处制度，向社会公布投诉举报的方式和渠道，并及时向投诉人告知处理结果。

二是提高未成年人案件的办理质量。《条例》第三十六条明确规定对刑事案件除未成年犯罪嫌疑人、被告人以外的其他未成年受援人，法律援助机构也应当指派熟悉未成年人身心特点的律师担任辩护人或代理人。

三是建立法律援助信息公开制度。《条例》第五十二条规定司法行政部门、法律援助机构应当建立法律援助信息公开制度，定期向社会公布法律援助资金使用、案件办理、质量考核结果等情况，接受社会监督。

四、固化司法改革成果，完善法律援助制度

近年来，我省相继开展了刑事案件律师辩护全覆盖、值班律师法律帮助、法律援助证明事项告知承诺制等司法改革工作，取得了良好的社会效果。这次修订及时对司法改革经验成果予以总结和固化，通过完善相关法律援助制度，充分保障犯罪嫌疑人、被告人依法享有的诉讼权利，最大限度便民利民，让每一名法律援助申请人、受援人都能感受到公平正义。

一是衔接刑事案件律师辩护全覆盖改革试点要求。《条例》第十四条明确了办案机关通知法律援助机构指派律师担任辩护人辩护的范围情形，规定七类刑事案件的犯罪嫌疑人、被告人没有委托辩护人的，人民法院、人民检察院、公安机关应当通知法律援助机构指派律师担任辩护人，并规定其他刑事案件中通知法律援助机构指派律师担任辩护人的，按照国家和省的规定执行。

二是建立值班律师法律帮助制度。《条例》第十七条规定了法律援助机构根据需要在人民法院、人民检察院、看守所等办案机关、监管场所派驻值班律师，明确了值班律师的具体职责，并细化了值班律师在认罪认罚案件中提供法律帮助内容。第十八条规定了办案机关和监管场所告知没有辩护人的犯罪嫌疑人、被告人有权约见值班律师并提供便利的

义务。第五十四条还规定了人民法院、人民检察院、公安机关、行政复议机关、劳动人事争议仲裁机构和有关部门工作人员在办理案件或者相关事务过程中，应当及时告知当事人如果符合法律援助条件，有权申请法律援助的义务。

三是优化经济困难状况核查的方式。《条例》第三十一条规定了法律援助机构核查申请人的经济困难状况，可以通过在线核查、现场核查、协助核查等方式调查核实，有关部门、单位及社会组织、村（居）委会和个人应当协助和配合的义务，并明确“也可以由申请人进行个人诚信承诺”。

五、明确政府职责，鼓励社会参与

法律援助由国家承担主体责任，采取政府司法行政部门主导、有关部门和单位配合、社会力量参与的体制机制。这次修订在落实法律援助法“法律援助服务是公共法律服务”“实行国家保障与社会参与相结合”等定位的基础上，直面我省区域发展不均衡和法律援助实践中经费保障方面的问题，进一步压实各方责任，提高法律援助工作的责任意识。

一是明确县级以上人民政府的职责。《条例》第三条规定县级以上人民政府应当将法律援助工作纳入国民经济和社会发展规划、基本公共服务体系，健全法律援助保障体系，将法律援助所需经费列入本级政府预算并建立动态调整机制，保障法律援助事业与经济社会协调发展。并规定省、地级以上市人民政府可以对困难地区给予补助，促进法律援助均衡发展。

二是明确司法行政部门和政府其他有关部门、办案机关、法律援助机构相应的法律援助职责。《条例》第四条规定县级以上人民政府司法行政部门指导、监督本行政区域的法律援助工作。县级以上人民政府其他有关部门依照各自职责，为法律援助工作提供支持和保障，并规定乡镇人民政府、街道办事处应当协同做好法律援助工作。同时，第五条规定人民法院、人民检察院、公安机关应当在各自职责范围内保障当事人依法获得法律援助，为法律援助人员开展工作提供便利。第六条规定法律援助机构负责组织实施法律援助工作，指派或者安排法律援助人员提供法律援助等职责。

三是细化律师协会的职责。《条例》第七条明确律师协会应当按照规定将履行法律援助义务的情况纳入年度考核内容，督促律师遵守职业道德和执业纪律，配合司法行政部门加强法律援助宣传、人员培训和服务质量管理。

四是鼓励社会力量的参与。《条例》第八条规定鼓励和支持群团组织、事业单位、社会组织在司法行政部门指导下，利用自身资源依法提供法律援助，支持符合条件的志愿者参与法律援助工作。并规定鼓励和支持企业事业单位、社会组织和个人等社会力量，依法通过捐赠等方式为法律援助事业提供支持；对符合条件的，依法给予税收优惠，有利于缓解政府法律援助经费保障不足的问题。第十条还规定广播、电视、报刊、互联网等媒体应当开展法律援助公益宣传，并加强舆论监督等。

（来源：广东人大网）

指导案例、典型案例与解读

最高人民法院发布涉农民事典型案例新闻发布稿

农业是立国之本、强国之基。党的十八大以来，以习近平同志为核心的党中央坚持把解决好“三农”问题作为全党工作重中之重，坚持不懈地采取有力措施推进农业农村现代化。党的十九大明确提出实施乡村振兴战略后，党中央连续出台政策文件，制定发展规划，为乡村振兴提供政策指导和支持。党的二十大报告提出：“加快建设农业强国，扎实推动乡村产业、人才、文化、生态、组织振兴。”近日，习近平总书记再次对“三农”工作作出重要指示，强调推进中国式现代化，必须坚持不懈夯实农业基础，推进乡村全面振兴。2023年12月19日至20日召开的中央农村工作会议部署了2024年“三农”工作，进一步强调要锚定建设农业强国目标，把推进乡村全面振兴作为新时代新征程“三农”工作的总抓手，要不断提升乡村产业发展水平、乡村建设水平、乡村治理水平。

最高人民法院深入学习贯彻习近平总书记关于“三农”工作的重要论述、重要指示精神，切实贯彻落实党中央关于推进乡村全面振兴的战略决策，充分认识做好新时代新征程“三农”工作的极端重要性和现实紧迫性，不断强化司法服务“三农”意识，坚持能动司法履职，及时修改审理涉农村土地承包纠纷案件司法解释，多次发布涉农司法政策文件，加强指导各地法院依法妥善审理各类涉农纠纷案件，大力开展涉农矛盾纠纷多元化解及诉源治理工作，为推进乡村全面振兴提供有力司法服务和保障。

为进一步发挥司法服务保障推进乡村全面振兴、建设农业强国的职能作用，助力提升乡村治理水平，加快农业农村现代化步伐，最高人民法院从全国法院报送的涉农民事典型案例中选取九个案例，向社会公布。此次发布的案例具有以下几个特点。

一、突出保护耕地的理念和要求

十分珍惜、合理利用每寸土地和切实保护耕地是我国的基本国策。耕地保护事关粮食安全、生态安全和社会稳定，坚守耕地保护红线不仅是各级政府的职责，也是司法机关义不容辞的责任。在案例 1 徐某某与邬某某租赁合同纠纷案中，人民法院依法宣告将耕地作非农业用途的土地租赁合同无效，并向有关部门发送司法建议，促使有关部门和当地政府采取有力措施开展集中整治活动，使百余亩被“非农化”的耕地再次恢复农业用途，充分展示了人民法院依法保护耕地的职责担当。

二、突出助力深化农村承包地“三权分置”改革

人民法院在案件审理中严格按照“落实集体所有权、稳定农户承包权、放活土地经营权”要求，正确认定事实，准确适用法律，保障和促进承包地“三权分置”改革顺利推进。在案例 2 某村民委员会与于某某土地承包经营权确认纠纷案中，人民法院依法认定朱某某未经民主议定程序擅自以村委会名义对外发包土地行为无效；在案例 3 周某某与某村民委员会土地承包经营权纠纷案中，人民法院依法保护实际投入的承包人在土地被征收后获得青苗补偿费的权利。该两起案例对于规范

农村土地承发包行为，保护村集体、承包农户、土地经营权人等各方主体参与“三权分置”改革的积极性、主动性，具有良好的示范引领意义。

三、突出服务保障农村集体经营性建设用地入市试点工作

农村集体经营性建设用地入市试点是党中央、国务院作出的重大决策，是我国土地制度的重大改革，事关农民切身利益，涉及各方面利益重大调整。案例4蒋某某与某社区第一居民组侵害集体经济组织成员权益纠纷案，系一起因农村集体经营性建设用地入市收益分配引发的纠纷，人民法院依法撤销村集体作出的侵害农民权益的收益分配方案，切实维护了农民群众合法权益，有力保障了入市试点工作稳慎推进。

四、突出保护和促进现代农业发展

创新生产方式、交易模式，发展新型、智慧农业是农业现代化的必然要求。人民法院充分发挥审判职能作用，依法保障和促进现代农业发展。在案例5某农投公司与某种养殖合作社合伙协议纠纷案中，人民法院依法确认“公司+合作社+农户”的新型农产品生产经营合同有效，不予认可不当解除合同行为效力，有力保障了农业生产的正常开展，平等保护了各方当事人合法权益。案例6杜某某与全某某买卖合同纠纷案是一起因“买青山”的新型农产品交易模式引发的案件，人民法院依法保护诚信守约方，有力维护了农产品市场交易秩序。案例7卢某某与范某某财产损害赔偿纠纷案是一起因无人机喷洒农药引发的案件，人民法院牢牢把握无人机喷洒农药侵权行为的特征，根据当事人上报主管部门及时固定的相关证据，准确认定案件事实和因果关系，依法判决侵权方赔偿受害方损失，对引导广大农户增强法律意识，规范使用无人机技

术，推动我国智慧农业健康发展具有十分积极的意义。

五、突出维护农资市场秩序

销售假冒伪劣农药、化肥等农资产品行为，严重危害农业生产，损害农民权益，必须依法采取坚决有力措施，防范和遏制此种坑农害农行为。在案例 8 王某某与某农资公司产品责任纠纷案中，人民法院在查明事实的基础上，判令不能提供农药来源及产品合格证据的销售者赔偿王某某损失，规范农资市场发展，充分体现了人民法院维护农民合法权益、护航农业生产的鲜明立场。

六、突出加强种业知识产权保护

“种优则粮丰，粮安则民安。”种子是农业的“芯片”，是农业发展的核心竞争力，加强种业知识产权保护在促进国家粮食安全和农业高质量发展中发挥着极其关键的作用。人民法院认真贯彻实施种子法，切实加强种业知识产权司法保护。在案例 9 某马铃薯产业集团公司与唐某侵害植物新品种权纠纷案中，人民法院依法判令未经品种权人许可销售种子的行为人停止侵权及承担民事赔偿责任，维护了品种权人的知识产权，对规范种子市场秩序、促进种业创新具有重要意义。

涉农民事典型案例

目 录

案例 1

司法建议推动整治耕地“非农化”问题

——徐某某与邬某某租赁合同纠纷案

【基本案情】

邬某某系某村村民。2020 年 4 月，邬某某与徐某某签订了《场地租赁合同》，约定将位于该村某厂的 8 亩空场地回填后出租给徐某某用于堆放工程设备，租赁期限为五年。合同签订后，徐某某向邬某某支付了前两年租金 20 万余元，并将租用的 8 亩土地中的 4 亩实际堆放了建筑工程设备。2021 年 5 月，土地管理部门通知邬某某该堆放杂物的 4 亩土地属于耕地，其涉嫌非法占用耕地，责令其立即改正并恢复土地原状。邬某某遂要求徐某某将堆放的物品搬离案涉场地。2021 年 7 月，徐某某在完全腾退租赁场地后诉至法院，请求判令邬某某退还 2021 年 7 月 16 日至 2022 年 4 月 30 日期间的租金 82345. 21 元并赔偿其搬迁损失 36800 元。

【裁判结果】

审理法院认为，因徐某某与邬某某签订的《场地租赁合同》约定租给徐某某用于堆放工程设备的土地中包含部分耕地，违反了土地管理法关于农用地保护的相关规定，双方订立的《场地租赁合同》无效。在综合考量双方过错程度的基础上，法院判令邬某某退还徐某某剩余租期租金，赔偿徐某某相应搬迁损失。

本案审理过程中，审理法院经调查了解，发现辖区内类似违法占用耕地情况较多，由此引发的土地租赁合同纠纷也并非个案。于是，积极向土地管理等部门发送司法建议，促使土地管理部门、属地街道开展联合执法，集中整治了此类问题，使百余亩土地的“非农化”问题得到有效整改。

【典型意义】

十分珍惜、合理利用土地和切实保护耕地是我国的基本国策。耕地保护事关粮食安全、生态安全和社会稳定，坚守耕地保护红线不仅是各级政府的责任，也是司法机关义不容辞的任务。本案中，人民法院不仅通过宣告非法占用耕地的租赁合同无效，表明人民法院对非法占用耕地行为“零容忍”的态度和立场，而且坚持能动司法，积极延伸审判职能，依据办案中了解掌握的违法占用耕地情况，积极向有关部门发送司法建议，有力促进了当地百余亩耕地的“非农化”问题得到及时整改，实现了“办理一案、治理一片”的良好社会效果。

案例2

村干部未经民主议定程序擅自以村委会名义对外发包土地合同无效

——某村民委员会与于某某土地承包经营权确认纠纷案

【基本案情】

2014年8月3日，朱某某在任某村党支部书记期间，以某村民委员会名义与外村村民于某某签订《土地使用权流转合同》，约定将某村50亩土地流转给于某某经营，流转时间为2014年10月20日至2025年10月20日。流转费为每年每亩400元。且双方约定，若某村民委员会提前收回土地，按剩余种植年限以每年每亩600元的标准对于某某进行赔偿。后双方实际履行合同，于某某将土地承包费全部支付给朱某某。朱某某离任后，某村民委员会以朱某某未经民主议定程序私自将村集体土地发包给外村村民于某某，侵害了村集体合法权益为由向人民法院提起诉讼，请求确认朱某某与于某某签订的《土地使用权流转合同》无效，并请求判令于某某返还其占有的村集体土地50亩。

【裁判结果】

审理法院认为，于某某非该村集体经济组织成员，朱某某未经法定的民主议定程序就以村民委员会名义向于某某发包村集体土地，亦未报当地政府批准，违反了农村土地承包法的相关规定，故朱某某以某村民委员会名义与于某某签订的《土地使用权流转合同》无效。法院判决于某某向某村民委员会返还其占有的土地50亩，并按照公平原则，判令某村民委员会以每年每亩400元的标准向于某某返还合同剩余土地经营年限四年的承包费 80000 元及占用资金期间的利息。

【典型意义】

本案案涉土地系村民委员会经营、管理的农民集体所有土地。依据土地管理法、农村土地承包法的相关规定，案涉农村土地发包给本集体经济组织以外的单位或者个人承包，应当事先经本集体经济组织成员的村民会议三分之二以上成员或者三分之二以上村民代表的同意，并报乡（镇）人民政府批准。本案中，人民法院依法认定未经法定民主议定程序将村集体土地发包给村集体经济组织成员以外个人的合同无效，对于规范村集体对外发包土地行为，切实维护村集体及其成员的合法权益，维护农村社会和谐稳定具有重要意义。

案例 3

土地征收后的青苗补偿费应由实际投入人获得

——周某某与某村民委员会土地承包经营权纠纷案

【基本案情】

2001 年 6 月，周某某与某村民委员会签订《土地承包协议书》，约定周某某承包村集体机动地 100 亩用于种植材林和农副产品经营，承包期限为三十年。周某某承包后投入资金打井办电、建设房屋，种植了树木和大田作物，直到 2017 年一直按时支付承包费。2017 年，根据当地规划建设需要，周某某承包的土地需进行植树造林。2018 年初，上述土地划入苗景兼用林建设区域内，当地政府按照一定标准进行了补偿。补偿费用包括土地收益金和一次性地上附着物补偿费。某村民委员会收到案涉土地收益金及一次性青苗补偿费后，一直未向周某某给付相关青苗补偿费。周某某诉至法院，请求某村民委员会给付其土地收益金及青苗补偿费共计 53. 46 万元。

【裁判结果】

审理法院认为，周某某与某村民委员会签订的《土地承包协议书》合法有效，周某某按照约定履行了承包合同，按时支付承包费，也种植了作物，无违约行为。按照政策规定，案涉土地征用的土地收益金归原承包户所有，因土地被征用所产生的青苗补偿费 15 万元依法应归实际投入者周某某所有。因周某某并非案涉土地的原始承包户，其无权获得土地收益金。法院判决某村民委员会返还周某某青苗补偿费 15 万元。

【典型意义】

本案是一起因征用土地引发的青苗补偿费归属纠纷。根据相关法律、政策规定，农村土地被征用的，青苗补偿费应归实际使用土地进行生产经营的承包人所有，包括来自本集体经济组织的承包人，也包括集体经济组织成员之外的其他承包经营村集体土地的人员。本案裁判依法判令某村民委员会返还周某某青苗补偿费 15 万元，不仅及时有效维护了承包经营权人的合法权益，而且对于类似纠纷的积极防范、妥善化解具有典型示范意义，有利于保障当地农村规划建设工作顺利推进。

案例4

侵害集体经济组织成员合法权益的收益分配方案应当依法撤销

——蒋某某与某社区第一居民组侵害集体经济组织成员权益纠纷案

【基本案情】

某地是实施农村集体经营性建设用地入市改革试点地区。当地某社区第一居民组所有的一块农村集体经营性建设用地被纳入入市试点范围。该地块最终采取出让方式入市交易，土地用途为工业用地，出让年限为四十年，入市价格为12.07万元/亩（其中，土地流转补偿费、青苗及地上附着物补偿费6.6万元/亩，土地开发成本费、集体收益部分5.47万元/亩），确认航拍测绘面积136.82亩，获得入市收益1651.42万元。

2020年8月，某社区第一居民组对入市收益中的青苗及地上附着物补偿费、土地流转补偿费制定分配方案如下：可纳入分配的费用为青苗及地上附着物补偿费、土地流转补偿费（6.6万元/亩），以户为单位，按照每户现场实际测量的承包地面积进行计算；全体承包农户现场测量的承包地面积共计198.97亩，需分配的资金为1313.2万元。

原告蒋某某及其父母均系某社区第一居民组集体经济组织成员，但在某社区第一居民组均没有承包地。原告蒋某某认为某社区第一居民组制定的收益分配方案严重侵害其合法权益，遂提起诉讼，请求法院判决撤销某社区第一居民组于2020年8月作出的收益分配方案。

【裁判结果】

审理法院认为，物权法第六十三条第二款规定，集体经济组织、村民委员会或者其负责人作出的决定侵害集体成员合法权益的，受侵害的集体成员可以请求人民法院予以撤销。本案中，某社区第一居民组制定的分配方案，以全体承包农户现场测量土地面积 198. 97 亩为基数，按照 6. 6 万元/亩的入市交易价格标准向承包农户分配青苗及地上附着物补偿费、土地流转补偿费，合计需要费用 1313. 2 万元，而此次入市按照航拍面积 136. 82 亩，实际获得的青苗及地上附着物补偿费、土地流转补偿费为 903. 01 万元（6. 6 万元/亩×136. 82 亩）。依照某社区第一居民组制定的分配方案分配青苗及地上附着物补偿费、土地流转补偿费，大量占用了属于全体集体经济组织成员共同所有的土地开发成本费、集体收益部分等入市收益，必然导致包括蒋某某在内的少数没有承包地或者承包地面积较少的集体经济组织成员在另行分配集体收益时可分得的收益减少，直接损害了包括蒋某某在内的少数没有承包地或者承包地面积较少的集体经济组织成员的合法权益，故该分配方案不应作为收益分配的依据。法院依法判决撤销了某社区第一居民组作出的收益分配方案。

【典型意义】

农村集体经营性建设用地入市改革试点是党中央、国务院作出的深化农村土地制度改革的重大决策，而入市收益分配作为农村集体经营性建设用地入市改革试点工作的关键末梢，直接关乎农民能否公正、公平享有农村土地制度改革红利。农村集体经济组织虽然享有自行分配集体收益的权利，但所形成的分配集体收益的决议必须符合法律和国家政策规定，不得侵害集体经济组织成员的合法权益。本案中，人民法院依法对虽经民主议定程序作出但侵害集体经济组织成员合法权益的收益分配方案予以撤销，及时有效维护了少数无承包地以及承包地较少的集体经济组织成员的合法权益。本案裁判对于规范农村集体经济组织依法行使自治权分配集体收益具有重要指导意义，也有利于农村集体经营性建设用地入市改革试点工作的顺利推进，充分体现了人民法院为深化农村土地制度改革提供司法服务和保障的职能作用。

案例 5

合作方不当解除农业生产合作协议的，人民法院不予支持

——某农投公司与某种养殖合作社合伙协议纠纷案

【基本案情】

2016 年 12 月，某农投公司与某种养殖合作社达成《某农业产业带建设项目山药种植合作协议》，约定以股份合作制模式，按照投入比例进行利润分配和承担相应经营风险，在某路沿线种植山药约 100 亩，合作期限为两年，至 2018 年度山药种植生产销售完毕止。

双方第一年合作投入耕种并销售后，某农投公司于 2018 年 8 月以双方均未按合同约定进行投资、均未将山药销售款汇入共管账户、山药采收产量未达到合同约定的保产量等为由向某种养殖合作社发送了《解除合作协议的函》。某种养殖合作社收到该函后不同意终止合作，要求某农投公司及时履行 2018 年投资义务，以解决农民工资及合作社为其垫付的投资费用，并要求某农投公司积极协作将 2018 年已种植的山药及时采挖销售。后因某农投公司未投资，某种养殖合作社无资金，栽种的山药未能采收销售。另就 2017 年减产情况，当地农业部门出具了因山药长势旺盛期降雨频繁致病导致减产减收情况说明。最终双方对合作事宜未协商一致，某农投公司起诉请求判决确认合同已解除，某种养殖合作社返还 2017 年投资收益，并将机械设备交还。某种养殖合作

社反诉请求判决某农投公司补足 2018 年合作社为其垫付的投资款等。

【裁判结果】

审理法院认为，双方签订《某农业产业带建设项目山药种植合作协议》后，均应秉承诚信原则积极履行，以最终实现合同目的。特别是某种养殖合作社在 2018 年已进行大量投入只剩最后收获的情况下，双方应有效协商沟通，尽可能减少合作损失，而不是任由已成熟的山药因未及时采收完全失去经济价值，放任损失进一步扩大。本案中，某农投公司 2018 年 8 月所发函件不符合法定或双方约定解除情形。未按约定进行投资、未将销售款打入共管账户是双方均存在的行为，应视为双方以实际行为对合同进行了变更，不能成为某农投公司解除合同的理由。某农投公司不愿继续合作亦应及时提出，以便某种养殖合作社考虑是否继续耕种，及时止损等。某农投公司对某种养殖合作社继续推进流转土地、栽种山药未及时提出异议，在某种养殖合作社继续进行了大量投入之后才发函告知合作社要解除合作。某农投公司的行为有违契约精神，其诉请不应支持。法院判决驳回了某农资公司全部诉请，支持了某种养殖合作社要求某农投公司补足投资款的诉请。

【典型意义】

随着农业生产的规模化发展，“公司+合作社+农户”的生产模式已较为普遍，此模式有利于提高农业生产效益，促进农民增收致富。但是，发生矛盾纠纷后，合作社、农户一方往往处于弱势地位，需要司法予以关注和保护。本案裁判对某农投公司不当发函解除合同的行为作出否定性评价，对其返还投资收益的诉请不予支持，依法保护了某种养殖合作社及农户的合法权益，有效防止了农业生产合作中损失的进一步扩大，充分体现了司法对农业生产应当秉承节约、避免浪费的评价、指引功能，对农业产业化发展的服务、保障功能。

案例 6

依法确认“买青山”合同效力，维护农产品市场交易秩序

——杜某某与全某某买卖合同纠纷案

【基本案情】

2021 年 11 月 30 日，杜某某求购全某某所种植的尚在生长期内的萝卜，双方协商后达成“买青山”合意，并签订《蔬菜买卖合同》作出如下约定：全某某将其种植的 39.5 亩白萝卜以每亩人民币 9200 元价格卖给杜某某，杜某某在签订合同时支付定金 180000 元，在接收第二车萝卜期内结清货款；签订合同之日起，全某某要负责管理好合同对应范围内的白萝卜，保证萝卜没有受到病虫害的影响；杜某某收获白萝卜时，若发现全某某没有做好白萝卜生长期内的病虫害防治工作，则有权终止合同，并要求全某某赔偿杜某某双倍损失；杜某某在收获白萝卜时，若发现白萝卜虫眼或灰霉点超过 10%，则有权终止合同并要求全某某退回合同内未收获面积对应货款；杜某某在 2022 年 1 月 22 日前必须拔扯完在全某某处购买的本次萝卜，如未拔扯完，算杜某某自愿放弃。

案涉萝卜种植于 2021 年 9 月 22 日至 2021 年 9 月 24 日之间，生长期通常情形下为三个月左右。自 2021 年 12 月 7 日起，全某某多次通知杜某某接收萝卜，杜某某予以拒绝。2022 年 1 月 11 日之前，杜某某在与全某某的微信聊天中认可案涉萝卜是“好萝卜”，称未接收萝卜是因为运送萝卜的冷藏车因道路原因进不了装运萝卜的场地。2022 年 1 月 15 日之后，杜某某称在案涉萝卜中发现灰霉点，电话通知全某某解除案涉合同并要求退还已付款。后双方诉至法院，杜某某请求确认合同于 2022 年 1 月 15 日解除，全某某返还已给付的定金及预付款 182000 元，

全某某反诉请求杜某某支付剩余款项。

【裁判结果】

审理法院认为，案涉双方虽约定了解除合同的相关情形，但当事人双方未能就约定解除情形中“灰霉点”的定义达成一致，而原告方杜某某未能证明萝卜存在合同约定的“灰霉点”或者其他病虫害情形，亦未证明双方协商一致同意解除案涉合同，故对其请求人民法院判决确认案涉《蔬菜买卖合同》已于 2022 年 1 月 15 日解除，全某某返还已给付的定金及预付款 182000 元的诉讼请求不予支持。按双方合同约定，全某某已履行了交付萝卜的合同义务，杜某某拒不接收案涉萝卜构成违约，应由杜某某承担案涉萝卜毁损、灭失的风险。法院判决杜某某支付全某某剩余萝卜款 138324 元并驳回了杜某某的诉讼请求。

【典型意义】

近年来，一种名为“买青山”的新型农产品交易模式逐渐兴起，即农户将土地上尚未成熟的农产品提前出售给收购方，由农户继续履行管护义务，待农产品成熟后再交予收购方。此种交易模式有效解决了种植户与收购方之间因农产品保质期较短造成的购销两难问题，进一步激发了农产品交易的市场活力，对于盘活农业资源、增加农民收入、促进生产要素合理流动，构建新型农业经营体系发展格局具有积极意义。实践中，由于该种交易模式下合同的订立时间可为农作物生长周期内的任一节点，合同价格不因农作物产量变化而改变，也不随市场价格波动而调整，种植农户与收购方订立的买卖合同通常也不够规范，一旦出现价格波动、严重减产等情况，买卖双方极易发生纠纷。本案判决对于处理“买青山”农产品交易模式案件具有示范意义，对于保护农产品交易市场稳定，维护农民合法权益具有积极作用。同时，人民法院坚持能动司法，积极延伸审判职能，向辖区农民推荐使用标准化示范合同文本，为

“买青山”交易模式填漏洞降风险、规范辖区农产品交易市场秩序、保障辖区农产品交易市场健康发展，起到了十分重要的作用。

案例 7

使用无人机喷洒农药造成相邻地块农作物受损的应承担赔偿责任

——卢某某与范某某财产损害赔偿纠纷案

【基本案情】

2021 年 4 月，农业种植户范某某在卢某某的橘园北侧水稻田采用无人植保飞机喷雾除草剂作业。由于飞行高度、风向等原因，飞机喷药时发生药液漂移，造成卢某某农作物受损。根据卢某某提交行业主管部门对本次事故情况及损失提出的鉴定意见，以及某县农业农村局调查人的询问笔录等证据，可以认定受损作物约 5 亩橘树、2 亩套种花菜，其中 5 亩橘树包含甜橘柚 4 亩、“红美人”1 亩，范某某造成卢某某直接的柑橘经济损失为 9600 元、花菜经济损失为 12000 元，共计 21600 元。卢某某认为范某某的操作不当造成其经济损失，应承担赔偿责任，故诉至法院。

【裁判结果】

审理法院认为，农业种植者在采取无人机喷洒农药前，应当对相邻土地种植情况予以了解，并采取必要的防护措施。同时，农业机械使用者一定要严格遵守操作规则，充分考虑天气、风向等综合因素。因过错侵害他人民事权益造成损害的，应当承担侵权责任。本案现有证据能够证明范某某在通过无人机喷洒除草剂过程中因过错致卢某某的农作物受损，故其应承担赔偿责任。法院判决范某某赔偿卢某某财产损失 21600 元。

【典型意义】

随着我国智慧农业的发展，无人机技术开始应用于农田测绘、农药喷洒、施肥播种，为农民减少了体力劳动和耕种成本，提高了种植效率。但因无人机的管理及使用不规范，也引发了许多新类型涉农侵权纠纷，相关案件审理往往存在证据采集不规范、案件事实难查明、侵权主体不明确、因果关系难确定等问题。本案中，人民法院根据侵害发生时当事人上报当地行业主管部门所及时固定的关于侵权主体、因果关系、损失情况等方面的证据，对侵权事实作出认定，判决侵权人承担损害赔偿责任，既有力维护了受侵害农户的合法权益，也有利于引导广大农户增强法律意识，从源头上防范和减少此类纠纷。同时，还有利于促进政府在无人机喷洒农药领域加强监管，对提升农村基层社会治理水平，助力农业高质量发展具有重要意义。

案例 8

销售假冒伪劣农药的商家应依法承担损害赔偿责任

——王某某与某农资公司产品责任纠纷案

【基本案情】

2018 年，王某某在某村种植（机采）棉花地 160 亩，同年 9 月 16 日、23 日、26 日王某某在某农资公司处购买了乙烯利及“叶落棉白”

的棉花专业催熟剂。王某某喷施后，棉花出现叶片干枯和棉铃发黑、干枯的现象，导致其 2018 年种植的 160 亩棉花地减产籽棉 10080 千克。王某某向某农资公司反映未果，遂向县农业综合执法大队报案，并委托有关鉴定机构对棉花出现状况的原因及造成的损失进行鉴定。经鉴定，棉花减产 10080 千克确系受到药害造成。王某某向法院起诉，要求某农资公司赔偿棉花减产损失 86608 元。

【裁判结果】

审理法院认为，产品质量法第三十九条规定："销售者销售产品，不得掺杂、掺假，不得以假充真、以次充好，不得以不合格产品冒充合格产品。"本案中，某农资公司销售的产品标明系外地某生物科技公司生产的"叶落棉白"，但某生物科技公司在声明中确认，该公司从未生产过任何型号的棉花专用催熟剂产品。某农资公司不能提供"叶落棉白"的来源，无法提供营销台账，也未能提供其销售的"叶落棉白"属于合格产品的证据，应对王某某的损失承担赔偿责任。法院依据司法鉴定意见及向相关部门调取的棉花价格标准判决某农资公司赔偿王某某棉花减产损失 68324.2 元。

【典型意义】

销售假冒伪劣农药、化肥等农资产品，严重危害农业生产，损害农民权益，相关生产销售单位应当依法承担赔偿责任。本案判决判令不能提供农药"叶落棉白"来源及产品合格证据的某农资公司赔偿种植户王某某棉花减产损失，有力维护了农业生产者的合法权益，彰显了人民法院护航农业生产的立场和职责。对于防范和遏制制售假冒农资坑农害农行为，规范农资市场经营秩序，具有示范指导意义。

案例 9

未经品种权人许可销售种子应依法承担赔偿责任

——某马铃薯产业集团公司与唐某侵害植物新品种权纠纷案

【基本案情】

2019 年 1 月 31 日，某马铃薯产业集团公司“某某 6 号”马铃薯品种被授予植物新品种权，品种权号为 CNA××××. 9。唐某在无任何合法经营手续以及品种权人许可的情况下，擅自以“某某 6 号”马铃薯品种的名义销售马铃薯种子，某马铃薯产业集团公司发现后，向当地公安局举报，公安局将唐某销售的马铃薯种子进行查封保存并送至专业机构进行抽样检测，检测报告显示该样品与“某某 6 号”为同一品种。某马铃薯产业集团公司以唐某侵犯其植物新品种权为由诉至法院，请求判令唐某承担侵权责任。

【裁判结果】

审理法院认为，某马铃薯产业集团公司研发的马铃薯种子属于受法律保护的植物新品种，依法享有品种权的处分、收益等权益。唐某未经品种权人许可销售案涉马铃薯种子并获利，侵犯了某马铃薯产业集团公司的植物新品种权并造成马铃薯产业集团公司损失，应予赔偿。法院判决唐某立即停止销售侵权马铃薯种子，赔偿某马铃薯产业集团公司经济损失 6 万元。

【典型意义】

种子是农业的“芯片”，加强种业知识产权保护是推进种业振兴、农业现代化的重要环节，在促进国家粮食安全和农业高质量发展中发挥着极其关键的作用。唐某未经品种权人许可销售马铃薯种子，侵犯了某马铃薯产业集团公司案涉植物新品种权，依法应当停止侵权并承担民事赔偿责任。本案裁判有力维护了品种权人的知识产权，为种子销售商合法经营提供了规则指引，对规范种子市场秩序、促进种业创新具有重要意义。

涉外民商事案件适用国际条约和国际惯例典型案例

案例1　严格遵循《联合国国际货物销售合同公约》合同无效制度维护买卖双方利益平衡

——保加利亚ARTPLAST公司与台州市黄岩斯玛特机械模具有限公司国际货物买卖合同纠纷案

案例2　明确国际条约优先适用 准确认定宣告合同无效声明的生效时点

——夏发集团公司（SHAPHAR GROUP LLC）与佰启控股（中国）有限公司国际货物买卖合同纠纷案

案例3　准确认定合同成立 合理划定损害赔偿责任边界

——西湖橡塑科技有限公司（SEI WOO POLYMER TECHNOLOGIES PTE. LTD）与西湖（天津）橡塑制品有限公司国际货物买卖合同纠纷案

案例4　明晰货物承运人识别 准确认定责任限额标准

——普及国际货运代理（中国）有限公司南京分公司与苏黎世

财产保险（中国）有限公司北京分公司保险人代位求偿权纠纷案

案例5 明确《蒙特利尔公约》第三十五条之两年期间的法律性质 统一国际航空运输纠纷法律适用标准

——北京康捷空国际货运代理有限公司与三星财产保险（中国）有限公司天津分公司、大韩航空公司代位求偿权纠纷案

案例6 厘清法律适用关系 完善国际航空运输裁判规则

——胡某与海南航空控股股份有限公司航空旅客运输合同纠纷案

案例7 准确适用《1992年国际油污损害民事责任公约》 明晰清污费用责任承担

——青岛容海海洋环保服务有限公司与交响乐船运有限公司（SYMPHONY SHIPHOLDING S. A.）、北英保赔公司（NORTH OF ENGLAND P&I DESIGNATED ACTIVITY COMPANY）船舶污染损害责任纠纷案

案例8 准确适用《1994年约克-安特卫普规则》 确定应分摊的共同海损金额

——台新海运有限公司（TAI SHING MARITIME CO., S. A.）与青山控股集团有限公司共同海损纠纷案

案例9 协调适用国际条约与国内特殊规定 准确认定碰撞责任中各方的过失

——广州海运物资供应有限公司与潭滨有限公司（TAN BINH CO., LTD）船舶碰撞损害责任纠纷案

案例10 善意合理解释“适当通知”的判断标准 平等保护中外当事人合法权益

——威仕中国进口有限公司（WS CHINA IMPORT GMBH）申请承认和执行汉堡市商品交易注册协会仲裁庭仲裁裁决案

案例11 准确认定合法传唤条件 维护缺席当事人的合法权益

案例 1

严格遵循《联合国国际货物销售合同公约》合同无效制度 维护买卖双方利益平衡

——保加利亚 ARTPLAST 公司与台州市黄岩斯玛特机械模具有限公司国际货物买卖合同纠纷案

【基本案情】

2020 年 5 月至 6 月，保加利亚 ARTPLAST 公司（以下简称 ARTPLAST 公司）与台州市黄岩斯玛特机械模具有限公司（以下简称斯玛特公司）经协商后达成买卖合同，约定 ARTPLAST 公司向斯玛特公司购买口罩机及配件。后 ARTPLAST 公司主张斯玛特公司交付的货物并非全新设备，不符合合同约定。经协商无果后，ARTPLAST 公司起诉请求宣告合同无效、返还货款并赔偿预期利润损失。

【裁判结果】

浙江省高级人民法院二审认为，本案当事人营业地分别位于中国和保加利亚，两国均是《联合国国际货物销售合同公约》缔约国，双方在合同中并未明确排除适用《公约》，故本案应适用该公约解决争议。斯玛特公司交付的口罩机存在多处磨损、腐蚀、刮痕、锈迹等情况，导致 ARTPLAST 公司利用设备生产疫情期间紧缺口罩的合同目的无法实现，构成《联合国国际货物销售合同公约》第二十五条项下的根本违约，ARTPLAST 公司有权宣告合同无效并要求斯玛特公司支付已交付货款的利息。斯玛特公司在订立合同时应当能够预见到 ARTPLAST 公司的运输费、保险费等损失，故酌情由斯玛特公司赔偿。据此，改判案涉买卖合同关系无效，斯玛特公司返还 ARTPLAST 公司货款人民币 740117 元及利息损失，赔偿货运费用、保险费用人民币 5 万元。

【典型意义】

国际货物贸易对调节各国市场供求关系、促进世界经济发展具有重要作用。维持合同的稳定性是国际货物贸易顺利进行的保障。《联合国国际货物销售合同公约》规定的宣告合同无效制度实质等同于我国法律规定的合同解除制度，其特别规定根本违约的条款，以债权人的履行利益是否受到严重影响作为根本违约的判断标准，限制合同当事人因为履行的细微瑕疵而宣告合同无效。本案二审判决通过分析“交付之货物是否满足质量标准”“质量不达标是否导致合同根本目的不能实现”，认定守约方可以因违约方构成根本违约而宣告整个合同无效并主张损失，同时合理运用《联合国国际货物销售合同公约》第七十四条规定的可预见性规则，将违约方对运费、保险费的赔偿责任限定在其订立合同时可以预见的范围之内，避免对违约方产生不公平的结果。本案充分展现了人民法院依法维护国际货物买卖秩序，平等保护中外当事人合法权益的职能作用。

【一审案号】浙江省台州市中级人民法院（2021）浙 10 民初 37 号

【二审案号】浙江省高级人民法院（2022）浙民终 811 号

案例 2

明确国际条约优先适用 准确认定宣告合同无效声明的生效时点

——夏发集团公司（SHAPHAR GROUP LLC）与佰启控股（中国）有限公司国际货物买卖合同纠纷案

【基本案情】

2020 年 4 月 3 日，夏发集团公司（以下简称夏发公司）与佰启控股（中国）有限公司（以下简称佰启公司）达成手套买卖合同，约定夏发公司向佰启公司购买手套。后夏发公司主张佰启公司存在瑕疵给付、迟延给付等违约行为，起诉请求宣告合同无效、返还货款和利息并赔偿因佰启公司违约而造成的损失。

【裁判结果】

北京市第四中级人民法院审理认为，本案当事人营业地所在国中国和美国均为《联合国国际货物销售合同公约》缔约国，本案不存在该公约规定的不适用情形，且双方当事人亦未排除该公约的适用，故本案应当适用该公约（除我国声明保留的条款外）的规定。佰启公司所交付的货物中，质量不符合约定的瑕疵货物占到一半以上，完全不适用于同一规格医用手套通常的使用目的。佰启公司至今未交付部分货物，已经严重超过合同约定的交货时间。本案合同签订于新冠疫情期间，夏发公司从我国购买手套后向其本国客户售卖属于商机，但佰启公司的违约行为足以使夏发公司通过案涉合同赚取利润的目的落空，构成根本违约。夏发公司于 2021 年 5 月 20 日向佰启公司发出律师函，通知其解除手套买卖合同。该函件虽然于 5 月 22 日才被佰启公司签收，但是《联合国国际货物销售合同公约》对此种通知并不采用“到达生效”原则，而是采用“投邮主义生效”原则。因此，案涉手套买卖合同于发出函件之日无效。据此，判决案涉买卖合同于 2021 年 5 月 20 日宣告无效，佰启公司向夏发公司返还货款 945000 美元并支付利息，赔偿实际损失 18882.12 美元。

【典型意义】

合同解除可使合同效力归于消灭，打破已有的交易秩序，对双方当事人的权利义务产生重大影响。故《联合国国际货物销售合同公约》在规定宣告合同无效制度的同时，对行使要件、行使时间都作出了相应的规定。该公约在第二部分“合同的订立”和第三部分“货物销售”中对通知的效力采用了不同的生效原则。要约、承诺的生效、撤回、撤销均采用“送达生效”原则，即送达对方才生效。而该公约第二十七条就合同宣告无效发出的通知则规定，宣告无效的声明只要“以适合情况的方法”发出即生效，传递过程中的风险并不由解除权人承担。这不同于我国民法典第五百六十五条规定的“到达生效”原则。本案准确适用《联合国国际货物销售合同公约》，对我国缔结的国际条约与我国法律有不同规定的，优先适用国际条约的规定，体现了我国法院适用国际条约的全面性与精确性，对审理此类案件具有示范作用。

【一审案号】北京市第四中级人民法院（2022）京 04 民初 294 号

案例 3

准确认定合同成立 合理划定损害赔偿责任边界

——西湖橡塑科技有限公司（SEI WOO POLYMER TECHNOLOGIES PTE. LTD）与西湖（天津）橡塑制品有限公司国际货物买卖合同纠纷案

【基本案情】

西湖（天津）橡塑制品有限公司（以下简称天津西湖公司）与西湖橡塑科技有限公司（以下简称新加坡西湖公司）之间存在长期稳定的货物买卖合同关系。双方之间的交易方式为：新加坡西湖公司按照其客户需求通过邮件方式发送订单订货，天津西湖公司需要在两个工作日之内以回复传真的方式对订单和交付计划表进行确认。双方在贸易过程中发生纠纷。天津西湖公司诉请法院判令新加坡西湖公司支付未付货款、模具款等以及逾期付款利息。新加坡西湖公司反诉请求判令天津西湖公司赔偿因未能发货造成的损失及相应利息，承担翻译费、公证认证费等，并与天津西湖公司索赔金额对应部分相互抵销。

【裁判结果】

天津市高级人民法院二审认为，依照《联合国国际货物销售合同公约》第二部分“合同的订立”相关规定，国际货物买卖合同的订立遵循发价（offer）—接受（acceptance）的法律程序，即由一方首先提出发价，其后对方对该发价表示接受。接受的表现形式不必然限定为声明，被发价人作出其他等同于声明的行为亦属于接受的表现形式。新加坡西湖公司主张因特定惯例与习惯做法的存在，可认定天津西湖公司的缄默或不行动属于接受的表现形式。但新加坡西湖公司并未举证证明在当事人之间或是双方所属行业、区域乃至世界范围内，存在只要买方发出订单或预测计划表，卖方即应按需持续供货，直至最终客户停止下单的惯例。故新加坡西湖公司所主张的习惯不构成接受通常表现形式的例外情形。因天津西湖公司对其他相应订单予以确认，其未能发货行为构成违约行为，应赔偿新加坡公司因此受到的损失。据此，改判新加坡西湖公司给付天津西湖公司货款、模具款、代垫款共计 627606. 08 美元，天津西湖公司赔偿新加坡西湖公司损失 68817. 85 美元，两项抵销后新加坡西湖公司给付天津西湖公司 558788. 23 美元；新加坡西湖公司向天津西湖公司支付逾期付款利息损失。

【典型意义】

本案解读了《联合国国际货物销售合同公约》确定国际货物买卖合同订立所遵循的规则，重申了接受的表现形式不限于明确声明一种，还有通过行为接受和缄默接受的形式，需要根据个案情形综合判断合同是否成立。本案尤其对缄默何时构成接受作出了清晰的解答，强调只有在当事人间存在缄默表示同意的明确约定惯例、国际贸易惯例、习惯做法时，单纯的沉默才构成接受。关于损害赔偿，本案明确损害赔偿范围应限于违约造成的包括利润在内的可预见损失，权利人不得同时主张货物转售损失与替代交易损失，否则将超出《联合国国际货物销售合同公约》第七十四条的保护范围。本案对适用《联合国国际货物销售合同公约》审理合同成立纠纷、损害赔偿纠纷具有参考意义。

【一审案号】天津市第一中级人民法院（2018）津 01 民初 669 号

【二审案号】天津市高级人民法院（2020）津民终 433 号

案例 4

明晰货物承运人识别 准确认定责任限额标准

——普及国际货运代理（中国）有限公司南京分公司与苏黎世财产保险（中国）有限公司北京分公司保险人代位求偿权纠纷案

【基本案情】

2018 年 12 月 19 日，案外人福益柯汽车系统（上海）有限公司（以下简称福益柯公司）委托普及国际货运代理（中国）有限公司南京分公司（以下简称普及南京公司）自德国运输一套自动化设备装配线 DQ200 至上海，双方签订《货代合同》，普及南京公司在收取全额运费后签发第“HAJ95951925/756-15759343”号空运单。2019 年 1 月 3 日，涉案货物运抵上海浦东机场，理货时发现两个木箱受损，造成福益柯公司损失。苏黎世财产保险（中国）有限公司（以下简称苏黎世财保公司）作为涉案货物的保险人，依照货物运输保险单向被保险人福益柯公司赔付保险赔款人民币 898481.66 元，依法取得代位求偿权。因涉案货物系在普及南京公司运输途中受损，苏黎世财保公司要求普及南京公司作为承运人对福益柯公司损失承担赔偿责任。

【裁判结果】

上海金融法院二审认为，本案事实情形满足《蒙特利尔公约》的适用条件，且案涉《货代合同》也明确约定适用该公约，故《蒙特利尔公约》在本案中具有优先适用的效力。一审法院适用法律错误。普及南京公司在案涉货物运输过程中的法律地位，不应仅以案外人福益柯公司与普及南京公司所签合同名称进行判定。结合合同约定的责任承担、国际航空货运的行业惯例、运费收取方式及性质等因素，认定普及南京公司为缔约承运人，应当承担货损赔偿责任，但可以按照《蒙特利尔公约》规定限制赔偿责任。关于计算赔偿限额的重量依据，根据《蒙特利尔公约》第二十二条第四款的规定，本案应以体积重量为计费重量收取运费。关于“判决作出之日”特别提款权与人民币换算比率是指一审还是二审判决，从《蒙特利尔公约》立约目的以及从事国际航空货运交易与承保企业的行业正常商业风险等角度，一审与二审判决作出之日之间汇率变动的诉讼风险由二审败诉一方承担更为合理。据此，改判普及南京公司赔偿苏黎世财保公司人民币 612047. 50 元。

【典型意义】

本案二审判决依据《蒙特利尔公约》的适用条件和当事人的约定，改判本案应当优先适用公约相关规定，充分体现我国尊重国际条约的一贯立场。本案对普及南京公司作为缔约承运人的法律地位作出准确判断，有利于进一步明晰国际航空运输各主体之间的法律关系。承运人赔偿责任限额是《蒙特利尔公约》的核心问题，也是航空货物运输业承运人与托、收方最为关注的焦点。本案从“计算赔偿限额的重量依据”“受损重量的计算方式”“特别提款权与人民币换算比率的认定日期”等三个方面精确分析货物损失的赔偿限额问题，对正确适用《蒙特利尔公约》规定的责任限额制度有较强的示范作用。

【一审案号】上海市浦东新区人民法院（2021）沪 0115 民初 46625 号

【二审案号】上海金融法院（2022）沪 74 民终 717 号

案例 5

明确《蒙特利尔公约》第三十五条之两年期间的法律性质 统一国际航空运输纠纷法律适用标准

——北京康捷空国际货运代理有限公司与三星财产保险（中国）有限公司天津分公司、大韩航空公司代位求偿权纠纷案

【基本案情】

2015 年 1 月 30 日，三星通信公司向三星财产保险（中国）有限公司天津分公司（以下简称三星财险公司）投保出口货物运输保险，运输方式包括使用任何定期商用航班的飞机。处于保险期间的 5 月 10 日，三星通信公司从天津滨海国际机场起运、途经韩国仁川机场至美国迈阿密机场的 22 票货物丢失，三星财险公司向三星通信公司赔付 1189972. 5 美元。三星财险公司取得代位求偿权后提起诉讼，依据航空运输合同关系要求航空分运单的签发人北京康捷空国际货运代理有限公司（以下简称康捷空公司）承担赔偿责任。

【裁判结果】

天津市第三中级人民法院二审认为，《蒙特利尔公约》第三十五条规定了两年期间内提起诉讼，虽没有规定该期间的中断、中止，但规定对期间的计算依照案件受理法院的法律确定。结合我国民用航空法第一百三十五条对《蒙特利尔公约》吸收的规定，认定我国国内法关于诉讼时效中断的规定同样应适用于该公约规定的两年时效，即该时效可因权利人提起诉讼而发生中断。三星财险公司在本案中向康捷空公司主张索赔的权利并未丧失。《蒙特利尔公约》第二十四条确立了责任限额复

审制度，考虑到该制度是基于通货膨胀因素设置，基于公平原则，以本案法庭辩论终结时现行有效的责任限额标准即每公斤 22 个特别提款权作为限额计算依据，并不违反法不溯及既往原则。据此，判决康捷空公司向三星财险赔偿货物损失人民币 890192. 16 元。

【典型意义】

本案是发生在《蒙特利尔公约》缔约国间的航空货物运输合同纠纷案件。一审、二审判决认定该公约第三十五条规定的两年期间应当适用我国国内法有关诉讼时效中断的规定，从而认定原告起诉未超过诉讼时效，体现了我国法院恪守条约义务、致力于实现公约目的及宗旨的司法立场，对类案处理具有较强的指导意义。本案在确立责任限额计算依据时，充分考虑《蒙特利尔公约》责任限额复审制度的设立目的，基于公平原则以法庭辩论终结时现行有效的责任限额标准作为限额计算依据，而非货损事故发生时的限额计算标准，对正确适用该公约计算责任限额标准具有指引意义。

【一审案号】天津市滨海新区人民法院（2019）津 0116 民初 2397 号

【二审案号】天津市第三中级人民法院（2021）津 03 民终 1419 号

案例 6

厘清法律适用关系 完善国际航空运输裁判规则

——胡某与海南航空控股股份有限公司航空旅客运输合同纠纷案

【基本案情】

2019 年 10 月 1 日，胡某拟搭乘海南航空控股股份有限公司（以下简称海南航空公司）名下 HU7992 号航班从意大利罗马前往中国重庆，后因飞机故障影响，导致航班延误。根据欧盟 261 号条例的相关规定，胡某下飞机后通过电话方式向海南航空公司提出赔偿 600 欧元的要求，海南航空公司于 2019 年 10 月 8 日回电话确认将按照当天汇率折合人民币 4693 元赔偿给胡某。次日，胡某按照海南航空公司的要求提交了材料，但海南航空公司并未按约赔付，胡某遂起诉。

【裁判结果】

重庆自由贸易试验区人民法院审理认为，国际航空运输出发地和目的地均系《华沙公约》、《海牙议定书》以及《蒙特利尔公约》缔约国之地，应按照《蒙特利尔公约》第五十五条之规定优先适用《蒙特利尔公约》。根据《蒙特利尔公约》第四十九条的规定，公约规则强制适用，当事人不可通过约定排除公约的适用。另外，《蒙特利尔公约》第二十七条规定："本公约不妨碍承运人拒绝订立任何运输合同、放弃根据本公约能够获得的任何抗辩理由或者制定同本公约不相抵触的条件。" 该规定允许当事人在不违反该公约相关规定的情况下进行意思自治。尽管《蒙特利尔公约》以恢复性赔偿为原则，但是对于双方当事人自行约定赔偿金额并没有禁止性的规定。海南航空公司与胡某协商同意按照欧盟 261 号条例规定的赔偿标准进行赔偿，为《蒙特利尔公约》所允许，也符合该公约"确保国际航空运输消费者的利益"的宗旨。据此，判决海南航空公司向胡某支付航班延误赔偿金人民币 4693 元。

【典型意义】

本案充分阐述了我国缔结的国际条约与国内法的适用顺序，明确了国际条约优先适用、声明保留条款除外原则；明确了涉及多项国际条约的，应当根据国际条约中的适用关系条款确定应当适用的国际条约；明确了当事人约定和国际条约的关系，强调对于强制适用的国际条约，不得以当事人的意思自治排除或者减损条约的适用，对于公约允许当事人意思自治的事项，当事人选择以我国没有加入的国际条约确定赔偿责任的，应当予以尊重。本案对国际条约的适用层层递进，分析详尽，彰显了我国尊重国际条约，严格履行条约义务的一贯立场，也充分体现了对当事人意思自治的尊重，对于正确适用国际条约审理涉外民商事案件具有示范意义。

【一审案号】重庆自由贸易试验区人民法院（2019）渝 0192 民初 16677 号

案例 7

准确适用《1992 年国际油污损害民事责任公约》明晰清污费用责任承担

——青岛容海海洋环保服务有限公司与交响乐船运有限公司（SYMPHONY SHIPHOLDING S. A.）、北英保赔公司（NORTH OF ENGLAND P&I DESIGNATED ACTIVITY COMPANY）船舶污染损害责任纠纷案

【基本案情】

2021 年 4 月 14 日，交响乐船运有限公司（以下简称交响乐公司）与青岛容海海洋环保服务有限公司（以下简称容海公司）签订了《船舶污染清除协议》，约定容海公司根据协议开展污染控制和清除行动，交响乐公司应当根据约定费率支付费用。北英保赔公司（以下简称北英公司）系“交响乐”轮油污损害民事责任保险人。4 月 27 日，“交响乐”轮在青岛朝连岛以南水域与“义海”轮发生碰撞事故，导致“交

响乐”轮船载货油泄漏入海，造成海域污染。各方因履行《船舶污染清除协议》发生争议，容海公司诉请交响乐公司、北英公司支付污染控制和清除费用。

【裁判结果】

青岛海事法院审理认为，我国为《1992 年国际油污损害民事责任公约》缔约国，本次事故泄漏油类属于该公约规定的油类，本案应优先适用该公约。《1992 年国际油污损害民事责任公约》第三条第一款规定，在事故发生时的船舶所有人须对船舶因该事故而造成的任何污染损害负责。案涉漏油事故系“交响乐”轮与“义海”轮互有过失碰撞而引起，交响乐公司作为漏油船舶所有人应当对油污损害承担赔偿责任。容海公司主张的清污费用属于《1992 年国际油污损害民事责任公约》第一条第六款规定的污染损害，交响乐公司应当承担赔偿责任，但有权依据公约规定限制赔偿责任。据此，判决容海公司对交响乐公司、北英公司享有海事债权人民币 42987210 元及清污费利息，上述债权自北英公司设立的“交响乐”轮油污损害赔偿责任限制基金中分配。

【典型意义】

本案准确适用我国缔结的《1992 年国际油污损害民事责任公约》，判定漏油船舶所有人对油污损害承担赔偿责任；认定容海公司主张的清污费用系防止或减轻污染损害而采取合理措施所产生的费用，属于《1992 年国际油污损害民事责任公约》规定的污染损害赔偿范围；确定船舶所有人有权依照《1992 年国际油污损害民事责任公约》规定的数额限制赔偿责任。本案一方面保障了清污费用的受偿，另一方面也将船舶所有人的责任依法限制在合理范围内，充分体现了《1992 年国际油污损害民事责任公约》鼓励清污、适当赔偿、兼顾其他污染损害实际受偿等多重价值目标，对保护海洋环境、促进海上运输业发展具有重要意义。

【一审案号】青岛海事法院（2021）鲁72民初1984号

案例8

准确适用《1994年约克-安特卫普规则》确定应分摊的共同海损金额

——台新海运有限公司（TAI SHING MARITIME CO., S.A.）与青山控股集团有限公司共同海损纠纷案

【基本案情】

青山控股集团有限公司（以下简称青山公司）系台新海运有限公司（以下简称台新公司）所有的“TAI HUNTER”轮所载货物的收货方。案涉运输货物提单背面记载“共同海损应当在伦敦根据《1994年约克-安特卫普规则》进行理算、陈述和解决”。2019年8月14日，该轮发生触礁，2019年8月16日，台新公司作出共同海损宣告，并明确委托理霍海损理算所根据《1994年约克-安特卫普规则》进行理算。台新公司诉请青山公司分摊并支付“TAI HUNTER”轮共同海损牺牲与费用人民币1487546元。

【裁判结果】

厦门海事法院审理认为：案涉提单背面记载的共同海损理算条款符合航运实践惯例并具有可操作性，亦不存在加重青山公司责任或排除权利的情形，该条款合法有效。海事主管机关等采取的应急抢险作业具有救助遇险船舶、其他财产和防止、减轻油污损害的双重目的。依据

《1994年约克-安特卫普规则》，台新公司未能证明为防止油污损害采取措施的直接目的系船货共同安全，故与清污有关的费用不应被计入共同海损；触礁后，为使船舶能够进港而必须采取的减载作业是出于船货共同安全考虑，故航行计划的咨询工作费、额外港口费用等均应计入共同海损；台新公司未能证明律师费发生的直接目的系船货共同安全，该费用不应被计入共同海损；台新公司因共同海损事故而发生的合理利息和手续费应认入共同海损。据此，判决青山公司向台新公司支付共同海损分摊人民币1038013.15元及利息损失。

【典型意义】

共同海损是海商法规中基于海上风险的特殊性而建立的一项特有的法律制度，在船货双方之间公平分摊风险与损失，对于保护和促进海上运输具有重要意义。约克-安特卫普规则目前已经成为国际航运中公认并被世界大多数航运国家广泛接受和遵守的国际惯例。我国海商法第二百零三条规定，共同海损理算，适用合同约定的理算规则，合同未约定的，适用该法第十章规定。该规定确立了理算规则的选择原则。本案提单背面共同海损条款记载根据《1994年约克-安特卫普规则》进行理算，应当视为双方当事人选择适用《1994年约克-安特卫普规则》进行理算，故本案适用该规则对共同海损应分摊的金额进行认定，对准确适用该规则审理共同海损案件具有积极意义。

【一审案号】厦门海事法院（2022）闽72民初325号

案例 9

协调适用国际条约与国内特殊规定 准确认定碰撞责任中各方的过失

——广州海运物资供应有限公司与潭滨有限公司（TAN BINH CO.，LTD）船舶碰撞损害责任纠纷案

【基本案情】

广州海运物资供应有限公司（以下简称海运公司）所有的“大庆226”轮与潭滨有限公司（以下简称潭滨公司）所有的“TAN BINH 245”轮于 2020 年 10 月 5 日发生碰撞。广州南沙海事处出具水上交通事故责任认定书，载明事故原因为“大庆 226”轮未保持正规瞭望，横越措施不当，未履行让路船义务主动避让顺航道航行的船舶，是事故发生的主要原因；“TAN BINH 245”轮未使用安全航速航行，对特殊情况所要求的任何戒备存在疏忽，是事故发生的次要原因。海运公司诉请判令“TAN BINH 245”轮对碰撞事故承担 70%的赔偿责任。

【裁判结果】

广州海事法院审理认为，中国与越南均系《1972 年国际海上避碰规则》（以下简称《避碰规则》）缔约国，且双方当事人在诉讼中亦选择适用，故本案应适用《避碰规则》处理实体争议。《避碰规则》第一条第二款规定，“本规则各条不妨碍有关主管机关为连接于公海而可供海船航行的任何港外锚地、港口、江河、湖泊或内陆水道所制定的特殊规定的实施”。本案碰撞事故发生在广东海事局主管的珠江水域，属于连接于公海而可供海船航行的水域，故本案中关于碰撞事故中的过失可

依照《避碰规则》及《广东海事局辖区船舶安全航行规定》(以下简称《航行规定》)予以确定。“大庆 226”轮的过失行为背离《避碰规则》规定的瞭望义务、让路船义务、船舶在横越航道时的避让义务。“TAN BINH 245”轮的过失行为背离《避碰规则》规定的安全航速、避免碰撞义务以及顺航道航行船舶在通过横越区时的航速限制。据此，判决海运公司对本案碰撞事故承担 65%的赔偿责任，潭滨公司承担 35%的赔偿责任。

【典型意义】

《避碰规则》是为确保船舶航行安全，预防和减少碰撞，规定在公海和连接于公海的一切通航水域共同遵守的海上交通规则的国际公约。我国于 1980 年 1 月 7 日加入《避碰规则》。《避碰规则》已经成为我国沿海及通海可航水域船舶航行的主要规则依据，也是海事法院审理船舶碰撞案件确定碰撞责任比例的重要依据。本案依据《避碰规则》确立的船舶驾驶和航行规则，结合我国航运主管机关制定的《航行规定》，准确确定碰撞方各自的过失比例，对同类案件的法律适用起到了很好的示范效果。

【一审案号】广州海事法院（2022）粤 72 民初 238 号

案例10

善意合理解释"适当通知"的判断标准 平等保护中外当事人合法权益

——威仕中国进口有限公司（WS CHINA IMPORT GMBH）申请承认和执行汉堡市商品交易注册协会仲裁庭仲裁裁决案

【基本案情】

德国汉堡市商品交易注册协会仲裁庭受理威仕中国进口有限公司（以下简称威仕公司）与四川荣丰公司仲裁案，于2020年3月作出裁决，要求四川荣丰公司向威仕公司支付货款。2022年，威仕公司向成都市中级人民法院申请承认和执行该仲裁裁决。四川荣丰公司主张，根据《海牙送达公约》，我国对通过邮寄途径直接向身在国外的人送交司法文书的相关条款作出了保留，汉堡市商品交易注册协会仲裁庭通过邮寄方式向四川荣丰公司送交仲裁程序文书不符合我国法律规定。根据《纽约公约》有关"适当通知"的要求，因其未接获仲裁开庭等程序的适当通知，该仲裁裁决不应被承认和执行。

【裁判结果】

成都市中级人民法院认为，案涉仲裁裁决载明，汉堡市商品交易注册协会仲裁庭通过邮寄方式向四川荣丰公司发送仲裁文书，虽然四川荣丰公司拒收相关文书，但根据德国民事诉讼法（ZPO）第一百七十九条第三款的规定，文书被视为已送交。《海牙送达公约》仅适用于司法文书而不适用于仲裁程序文书的送达。汉堡市商品交易注册协会仲裁庭向四川荣丰公司邮寄开庭通知的收件地址为四川荣丰公司登记住所地，预留联系电话为四川荣丰公司经办人电话。同时，四川省高级人民法院向该地址成功送达案涉仲裁裁决书。基于此，汉堡市商品交易注册协会仲裁庭向四川荣丰公司登记住所地寄送仲裁程序文书应视为寄送实际到达四川荣丰公司或足以推定四川荣丰公司能够收到该邮件，达到了“适当通知”的标准。案涉仲裁裁决不存在《纽约公约》第五条规定的应当拒绝承认和执行的情形。据此，裁定承认和执行案涉仲裁裁决。

【典型意义】

本案是人民法院准确适用《纽约公约》承认和执行外国仲裁裁决的典型案例。法院准确理解《海牙送达公约》的适用范围，并结合条款上下文及条约的整体目的，对《纽约公约》第五条第一款乙项规定中“适当通知”的判断标准进行了善意、合理的解释，为类案审理提供了参考，增强了国际条约适用的统一性、稳定性和可预见性。同时，本案的司法判断和裁决结果，彰显了中国法院严格履行国际条约义务和积极支持国际仲裁的司法立场，有利于发挥仲裁在国际商事争端解决中的重要作用。

【一审案号】成都市中级人民法院（2022）川01协外认5号

案例11

准确认定合法传唤条件 维护缺席当事人的合法权益

——切佩茨基机械工厂股份公司（CHEPETSKY MECHANICAL PLANT JOINT-STOCK COMPANY）申请承认和执行俄罗斯联邦乌德穆尔特共和国商事法院民事判决案

【基本案情】

切佩茨基机械工厂股份公司（以下简称切佩茨基公司）因与精诚公司合同履行过程中发生争议，向俄罗斯联邦乌德穆尔特商事法院（以下简称乌德穆尔特商事法院）提起诉讼。2017年1月18日，乌德穆尔特商事法院依据《海牙送达公约》请求中国司法部向精诚公司注册地址协助送达安排初步听证的裁决、起诉状复印件及莫斯科时间2017年3月10日上午8时开庭传票。2017年3月20日，乌德穆尔特商事法院请求司法协助送达推迟开庭时间至莫斯科时间2017年6月6日上午12时30分的裁决。2017年6月15日，乌德穆尔特商事法院请求司法协助送达推迟开庭时间至莫斯科时间2017年10月17日上午10时30分的裁决。乌德穆尔特商事法院于2017年10月20日在精诚公司缺席的情况下作出民事判决，判决书载明：尽管采取《海牙送达公约》规定的一切措施，法院没有收到精诚公司被送达开庭时间与地点通知书的任何证明。不过，中国在该公约保留条件中提出：根据公约第十五条第二款的规定，在本条款规定条件均履行的情况下，尽管法院没有收到通知书送达证明，法官还是可以作出判决。因此，乌德穆尔特商事法院认为精诚公司已被妥当通知开庭的时间与地点。切佩茨基公司向北京市第四中级人民法院申请承认并执行上述民事判决。

【裁判结果】

北京市第四中级人民法院认为，本案应根据《中华人民共和国和俄罗斯联邦关于民事和刑事司法协助的条约》（以下简称《中俄司法协助条约》）的相关规定进行审查。该条约第二十条规定，根据作出裁决的缔约一方的法律，未出庭的当事人一方未经合法传唤，或在当事人一方没有诉讼行为能力时未得到适当代理，不予承认和执行法院裁决。根据已查明的事实，乌德穆尔特商事法院三次司法送达请求文书发出时间与开庭时间之间间隔均未满六个月，最终开庭时间为2017年10月17日，并当庭作出口头判决，于2017年10月20日作出正式判决。上述事实表明，乌德穆尔特商事法院的送达不符合《海牙送达公约》第十五条第二款"尽管没有收到送达或通知或递交的证明书"，如"文件发出后已超过法院对该案允许的、至少六个月以上的限期""仍得作出判决"的规定，因此，乌德穆尔特商事法院未能对精诚公司进行合法传唤。本案所涉判决符合《中俄司法协助条约》第二十条之规定，应当不予承认和执行。

【典型意义】

本案系适用《中俄司法协助条约》及《海牙送达公约》审查承认和执行俄罗斯法院判决的案件，争议焦点在于俄罗斯法院是否完成了对中方当事人的合法传唤。在涉及缺席判决问题时，如果双边司法协助条约没有特别规定，在适用《海牙送达公约》的前提下，应当审查法院的传唤是否符合《海牙送达公约》的要求。虽然我国已经作出声明，可以在未收到送达或交付证明书的情况下作出缺席判决，但必须满足《海牙送达公约》第十五条第二款规定的条件。乌德穆尔特商事法院预留较短开庭时间又不断将其推迟的做法难以保障被告充分、有效地行使诉讼权利。本案准确适用双边条约和国际公约，维护了缺席当事人的合法权益，对于指导承认和执行外国法院判决的案件办理具有重要意义。

【一审案号】北京市第四中级人民法院（2020）京 04 协外认 2 号

案例 12

准确适用《取消外国公文书认证要求的公约》全面履行国际公约义务减轻当事人诉累

——文某申请承认美利坚合众国加利福尼亚州圣马特奥县高等法院离婚判决案

【基本案情】

2006 年 2 月 7 日，中国公民文某与美国公民王某经四川省民政厅婚姻登记处登记结婚。2009 年 8 月 13 日，美利坚合众国加利福尼亚州圣马特奥县高等法院审理原告王某与被告文某离婚纠纷一案，于 2009 年 8 月 20 日作出离婚判决，判令：王某与文某离婚，婚姻关系结束时间为 2009 年 11 月 30 日。该离婚判决载明无任何子女或共同财产须由法院处置。2023 年 8 月，文某向四川省成都市中级人民法院申请承认案涉离婚判决，并提交了外国判决及附加证明书。

【裁判结果】

四川省成都市中级人民法院认为，《取消外国公文书认证要求的公约》于 2023 年 11 月 7 日正式在我国生效，本案依法应当适用。文某提交的有关公文书系在该公约另一缔约国美利坚合众国作出且该国有关主管机关已经按照该公约要求签发附加证明书，故应免除认证手续并认可相关签名、印章的真实性以及身份的可靠性。经审查，案涉外国离婚判决符合我国法律规定的承认外国法院离婚判决的条件，不存在违反我国法律的基本原则和损害国家主权、安全、社会公共利益的情形，裁定承认美利坚合众国加利福尼亚州圣马特奥县高等法院作出的案涉离婚判决。

【典型意义】

2023 年 3 月 8 日，我国加入《取消外国公文书认证要求的公约》。该公约于 2023 年 11 月 7 日正式在我国生效实施。该公约核心内容是缔约国之间相互取消使领馆领事认证环节，将公文书出境前的两次领事认证“合二为一”，简化为依托附加证明书的“一步式”证明，实现公文书跨国流转程序简化。在涉外司法领域全面、严格适用该公约，不仅减轻了当事人的诉累，使其免于烦琐昂贵的连锁认证负担，也有效提高了司法效率，极大便利了国际经贸和人员往来，有利于进一步提升法治化营商环境水平。本案系《取消外国公文书认证要求的公约》在我国生效后首次在司法案件中适用，充分展现了我国全面履行国际公约义务的司法担当。

【一审案号】成都市中级人民法院（2023）川 01 协外认 15 号

法答网精选答问

法答网精选答问（第三批）（节录）

问题1：民间借贷合同未约定利息或者利息约定不明，出借人主张利息的，如何处理？

答疑意见：对出借人的主张区分层次审查处理，详情如下。

第一个层次：民间借贷合同未约定利息。根据民法典第六百八十条第二款"借款合同对支付利息没有约定的，视为没有利息"以及《最高人民法院关于审理民间借贷案件适用法律若干问题的规定》（以下简称《民间借贷规定》）第二十四条第一款"借贷双方没有约定利息，出借人主张支付利息的，人民法院不予支持"的规定，民间借贷合同对支付利息没有约定的，视为没有利息。出借人请求支付借款期限内利息的，应当以借贷合同约定为依据，借贷合同未约定利息的，人民法院不予支持，对此不区分是自然人之间的借贷合同还是自然人与法人、非法人组织之间或法人与非法人组织之间的借贷合同。

第二个层次：民间借贷合同对利息约定不明。根据民法典第六百八十条第三款"借款合同对支付利息约定不明确，当事人不能达成补充协议的，按照当地或者当事人的交易方式、交易习惯、市场利率等因素确定利息；自然人之间借款的，视为没有利息"以及《民间借贷规定》第二十四条第二款的规定，对于支付利息约定不明确的，应区分两种情况：一是自然人与法人、非法人组织之间的民间借贷合同以及法人、非法人组织之间的民间借贷合同，对支付利息约定不明确，当事人又不能达成补充协议的，按照当地或者当事人的交易方式、交易习惯、市场利率等因素确定利息。这里既包括确定是否应当支付利息，也包括确定利率的高低。二是自然人之间的民间借贷合同对支付利息约定不明确的，视为没有利息，出借人不享有支付利息请求权。审判实践中，自然人之间的借款合同如果约定了利率但未明确是月利率还是年利率的，属于对支付利息作了明确约定，只是对利率标准约定不明，人民法院可依据当事人之间的交易习惯等因素对利率作出认定。

第三个层次：民间借贷合同未约定利息但约定了借款期限。对于民间借贷合同既未约定借期利息，又未约定逾期利息的情形，根据民法典第六百八十条第二款和《民间借贷规定》第二十四条第一款规定，出借人主张借期内的利息的，依法不予支持；但对于出借人主张逾期利息的，根据民法典第六百七十六条“借款人未按照约定的期限返还借款的，应当按照约定或者国家有关规定支付逾期利息”以及《民间借贷规定》第二十八条第二款的规定，双方既未约定借期内利率，也未约定逾期利率，出借人主张借款人自逾期还款之日起参照当时一年期贷款市场报价利率标准计算的利息承担逾期还款违约责任的，人民法院应予支持。

第四个层次：既未约定利息又未约定借款期限，出借人主张逾期利息的，应当先确定“借款期限”问题。根据民法典第六百七十五条规定，借贷双方可按照民法典第五百一十条规定确定借款期限，借款期限确定后，可按照第三个层次的方法来确定利息。如果根据民法典第五百一十条规定不能确定借款期限，贷款人可以催告借款人在合理期限内返还，对于“合理期限”之后的逾期利息，参照第三个层次的利息确定方法计算。

点评专家：程啸/清华大学法学院教授

点评意见：本答疑结合实践中常见的情形，依据民法典的规定，区分借款合同中没有约定利息、利息约定不明、未约定利息但约定了还款期限、既没有约定利息也没有约定还款期限等四个层次来解答，条理清晰，很有针对性。需要注意的是，民法典合同编第十二章借款合同规范的是所有类型的合同，既包括自然人、法人和非法人组织之间进行资金融通而成立的借款合同即民间借贷合同，也包括依法设立的从事贷款业务的金融机构向借款人发放贷款而成立的借款合同即金融借款合同。因此，依据民法典第六百八十条第二款的规定，只要是借款合同没有约定利息，那么无论该借款合同是金融借款合同还是民间借贷合同，也不管借款合同是自然人之间的还是非自然人之间的，一律视为不支付利息。此外，民法典第六百八十条第三款前半句即“借款合同对支付利息约定不明确，当事人不能达成补充协议的，按照当地或者当事人的交易方式、交易习惯、市场利率等因素确定利息”，也适用于除了自然人之间的借款合同之外的所有类型的借款合同。

问题 2：原因债权是否因票据授受而消灭；如果不消灭，持票人权利如何，持票人提示付款被拒的不同情形下，持票人权利如何？

答疑意见：（1）关于原因债权是否因票据授受而消灭的问题。票据债务人为履行基础关系所约定的义务，向票据债权人交付票据，除当事人明确约定票据交付即消灭原因债权外，原因债权并不消灭，持票人对其前手既享有票据权利，也享有原因债权，二者并存。

（2）关于票据权利和原因债权竞合时的行使顺位问题。从票据关系产生的原因和票据功能的角度考虑，持票人应先行使票据权利，未能实现债权的，可再行使原因债权。关于票据权利未能实现的判断标准，则以持票人行使付款请求权未获满足即可，即在期限内提示付款被拒的情况下，持票人即享有选择权，既可以按票据关系向票据前手行使追索权，也可以依基础关系向直接前手主张原因债权。

（3）关于持票人逾期提示付款，是否还可以主张原因债权的问题。

持票人逾期提示付款的，根据票据法第十八条的规定，持票人丧失票据权利，但仍然享有民事权利，可以请求出票人或者承兑人返还其与未支付的票据金额相当的利益。票据法关于持票人利益返还请求权的规定，是为维持失权持票人与出票人、承兑人之间的利益平衡，防止出票人和承兑人因此获得不当利益。在持票人和其直接前手之间，持票人失权是因其自身过错所致，应自行承担相应的不利后果。若允许持票人再主张原因债权，因票据权利已存瑕疵，债务人履行基础关系产生的债务后却无法获得完整的票据权利，有失公允。故持票人逾期提示付款导致票据权利丧失的，不能基于基础关系主张原因债权，只可以依票据法第十八条的规定，向出票人或者承兑人主张利益返还请求权。

（4）关于票据到期持票人未获付款，既有持票人逾期提示付款的情形，也有承兑人客观上已丧失支付能力情形时，持票人的权利认定问题。我们认为，持票人逾期提示付款和承兑人客观上丧失支付能力二者的法律效果不同，宜分别评价。持票人逾期提示付款的，依票据法相关规定，持票人丧失对其前手的追索权；而承兑人发生客观上丧失票款支付能力情形的，依照票据法第六十一条第二款的规定，持票人享有期前追索权。因此，如果持票人逾期提示付款的事实发生在前，则持票人既不能向前手行使票据追索权，也不能基于基础关系主张原因债权，只能向出票人或者承兑人请求承担付款责任；而如果在票据提示付款期限届满之前承兑人丧失支付能力，则持票人既可以向前手行使票据追索权，也可以基于基础关系主张原因债权。

（5）关于基础关系债权人被追索清偿后，能否再向债务人主张原因债权的问题。基础关系债权人收受票据后，票据经历背书甚至多次背书，债权人被追索并予以清偿的，此时债权人重新获得票据，在享有持票人地位的同时也意味着其债权并未得到清偿。其对基础关系直接前手的权利，与以上答复中第二点的情况相若。

点评专家：高丝敏/清华大学法学院副院长、长聘副教授

点评意见：本答疑意见紧扣票据法条文的规范意旨与票据法的基本法理，强调了基础法律关系产生的原因债权原则上不因票据授受而消灭，明确了票据债权和原因债权竞合时持票人的权利行使顺位，并区分票据到期持票人未获付款的不同情形对持票人的权利作出了厘定。基于票据的无因性，原因债权与票据债权并存时二者间的关系以及权利行使顺序，历来是实践中的疑难问题，并在理论上存在争议。厘清这些问题，对于维护商事交易秩序、促进社会经济发展至关重要。为此，本答疑意见明确了票据债权相较于原因债权的行使顺位优先性，并提出区分持票人逾期提示付款和承兑人客观丧失支付能力的不同情形，对持票人的权利作出不同评价和认定，有望为司法实务提供较高指导价值。

问题3：遗产管理人是否有独立的诉权？

答疑意见：民法典规定了遗产管理人制度，但未对遗产管理人是否具有独立诉权进行明确，因此，对于遗产诉讼中遗产管理人能否以自己的名义起诉或应诉问题，目前尚存争议。从立法目的来看，遗产管理人制度是为了保障遗产的完整性和安全性，公平、有序地分配遗产，使遗产上各项权利得以实现的一项综合性制度。为保障遗产管理人基于遗产管理目的而实施相应民事行为的实体权利，包括对债权债务的处分权等，应当认可遗产管理人在遗产管理期间享有相应的诉权。从起诉条件来看，根据民事诉讼法第一百二十二条规定："起诉必须符合下列条件：（一）原告是与本案有直接利害关系的公民、法人和其他组织；（二）有明确的被告；（三）有具体的诉讼请求和事实、理由；（四）属于人民法院受理民事诉讼的范围和受诉人民法院管辖。"遗产管理人在履行遗产管理职责时提起民事诉讼的，可视为满足"与本案有直接利害关系"的条件。

司法实践在一定程度上也肯定了遗产管理人的独立诉讼地位。例如，根据《最高人民法院关于民事执行中变更、追加当事人若干问题的规定》第二条第一款、第十条第一款的规定，遗产管理人在执行程序中可以作为执行人、被执行人。最高人民法院在（2020）最高法民再111号翁某、吕某第三人撤销之诉再审案中认为，一般情况下，遗产管理人及受托人进行遗产收集，为遗产管理、分配创造条件，有利于遗嘱受益人权利的实现，也有利于及时按照遗嘱分配遗产。因此，遗产管理人及受托人在收集遗产过程中遇到障碍，无法及时收集并有效管理遗产时，有权以自己名义对相关民事主体提起民事诉讼以保证遗产安全。

需要明确的是，即使承认遗产管理人享有相对独立的诉权，这种诉权的行使也应当被限定于遗产管理人的职责履行范围之内；与履行遗产管理职责无关的诉讼主张，不应得到支持。在法律、司法解释未明确遗产管理人的独立诉权之前，有必要对“遗产管理人在民事诉讼中的独立主体地位”持审慎态度，避免给大量的继承诉讼带来实操层面的困难。司法实践中，不同的案件还需结合案件事实情况再分析适用。

点评专家：石佳友/中国人民大学法学院教授

点评意见：遗产管理人是民法典继承编的一项重要制度创新，其目的在于保障遗产的有效管理与分配；遗产管理人包括遗嘱执行人、继承人、被继承人生前住所地的民政部门或者村民委员会。但民法典等现有法律并未直接规定遗产管理人的诉讼主体资格等问题，因此，如发生争议，遗产管理人能否以自己的名义进行起诉或应诉是亟待明晰的重要问题。本答疑意见对这一问题作出了回应，既结合了民事诉讼法关于起诉资格的相关规定，也总结了此前司法实践的相关经验，具有明确的指引作用。根据答疑意见，遗产管理人与争议诉讼具有直接利害关系，因此应具有独立的诉讼地位，可以其自身的名义进行起诉和应诉。但是，遗产管理人的诉讼地位是基于其与遗产管理这一法定职责的关联，因此其在诉讼中的相关权限应被限定于遗产管理人的职责履行范围之内，而不能随意突破这一范围，以避免对相关继承诉讼实践造成不必要的困难。应当承认，在现有的法律框架下，采取这样的审慎态度是必要的。

新类型疑难案例选评

王某诉温州某高食品有限公司侵权责任纠纷案

孙嘉遥　梅盈碧*

【裁判要旨】

侵害个人信息适用过错推定责任的归责原则，过错要件要采取客观化标准。现有的赔偿标准是基于被侵权人的合理开支，对侵权人的惩罚力度十分有限。关于个人信息保护，经营者、短信平台行业自律意识不足，因此，经营者定向投放广告应完善会员的信息审查，坚守告知同意规则，并提供拒绝接收、退订的方式。用户应增进关于应对广告营销短信骚扰的维权渠道和维权方式，参与个人信息保护的共治共享体系。

【案件索引】

一审：（2021）浙0304民初8632号（2022年3月3日）

* 作者单位：浙江省温州市瓯海区人民法院。

【案情】

原告王某诉称：2020年4月11日至2021年9月18日，原告王某手机号码为180××××8687的手机先后5次收到温州某高食品有限公司（以下简称某高公司）发来的营销类短信息（106短信平台推送），内容为“［某高食品］尊敬的某高会员……欢迎惠顾！回T退订”等促销信息。其间，王某致电某高公司沟通后依然无法避免被骚扰，王某只能根据短信息提示，回复T退订，由此产生0.1元的短信息费用。但退订后仍然收到某高公司的营销类短信息。王某联系某高公司，对方称其将门店收集的客户号码、信息内容统一发送给淘宝一家发送营销类短信息的商家，其无法收到退订消息。王某认为某高公司未经其同意发送营销类商业短信息，应承担网络侵权责任。且某高公司在短信息中仅告知王某退订方法，未告知退订将产生通信费用。请求法院判令：（1）某高公司向王某书面道歉；（2）某高公司承担短信息退订费损失0.1元，加倍赔偿短信息退订费损失499.80元，赔偿精神损害抚慰金5元、文印费、通信费、交通费、误工费等合理费用4500元。

被告某高公司辩称：王某对所要取消营销类短信息推送的手机号码进行隐瞒，某高公司无法明确要取消营销类短信息推送的号码；本案起诉后，王某没有再收到某高公司的营销类短信息的推送。关于诉请损失，明确0.1元短信费的具体内容，某高公司愿意承担，其他相关费用主张没有依据。此外，通过微信搜索手机号码180××××8687，查询到的微信名为“温某之夏”，其使用女性头像，实际使用人应为某高公司会员“夏某莉”。某高公司是向其会员“夏某莉”发送信息。

法院经审理查明：原告王某的手机号码180××××8687先后5次收到某高食品发来的营销类短信息（106短信平台推送），内容为“［某高食品］尊敬的会员……欢迎惠顾。回T退订”等促销信息。在审理过程中，王某明确赔偿的0.1元信息退订费指的是2021年5月3日退订信息产生的费用，并陈述其从事律师工作，偶尔将涉案手机号码给他人使用，但其与“夏某莉”无任何关系；王某在被告某高公司门店有消费记录，但没有给过某高公司涉案手机号码。某高公司确认其通过第三方公司向会员发送促销信息。同时，法院组织双方现场核对 180××××8687 手机号码在某高公司会员收录的情况，王某没有到场。

【审判结果】

法院生效裁判认为：（1）某高公司向涉案手机发送的 5 条信息内容均为针对其会员的产品促销活动通知，发送号码表明系通过 106 短信平台发送，可以认定某高公司向他人发送商业性信息，属于广告行为。经营者发送商业性信息的目的是扩大卖方市场，拓宽潜在的交易对象，但对消费者安宁有较大影响，应受到规制。某高公司没有提供有效证据证明其系经所称的会员同意才发送广告信息的事实，王某按信息要求回复“T”后，仍然能够收到某高公司促销广告，可视为没有提供有效拒绝接收的方式。某高公司未经同意，多次向王某的涉案手机发送广告信息，构成侵扰他人生活安宁的行为，应当赔礼道歉。（2）王某作为涉案手机号的机主，于 2021 年 5 月 3 日发送退订短信，由此造成的 0. 1 元的短信费用损失应由某高公司承担。（3）王某已明确并非某高公司会员，某高公司并非向王某提供商品或服务，双方不构成经营者与消费者的关系，王某主张按欺诈行为要求某高公司加倍赔偿退订费损失，没有事实基础。（4）根据涉案手机接收某高公司的短信息的频率、时间以及信息内容，结合王某自述职业所具有的特点，某高公司的涉案广告行为不足以对王某的精神造成严重伤害，也未给王某的生活、工作造成严重后果，精神损害抚慰金的请求法院不予支持。王某维权必然产生一定的费用，结合王某的职业和维权情况，酌情确定合理开支 9. 90 元。

[评析]

未经当事人同意，多次发送广告型垃圾短信，构成侵犯个人信息和安宁权

短信息广告具有推广成本低、覆盖面广、传播迅速等优点，经营者利用短信群发平台或设备，能够在极短的时间内，以极低的成本，向特定或者不特定的群体进行宣传。该类短信的内容本身虽然并未违反法律法规的规定，没有对用户的生命与财产安全造成威胁，但却对用户的精神安宁造成了一定的困扰，具有违法成本低、维权成本高的特点。这类广告信息没有经过用户请求或者允许，浪费用户的时间，占据用户手机等设备的空间，对用户没有价值，被用户视为“垃圾短信”。《中国互联网协会短信息服务规范（试行）》第四条规定：“本规范所称垃圾短信息，是指未经用户同意向用户发送的用户不愿意收到的短信息，或用户不能根据自己的意愿拒绝接收的短信息，主要包含未经用户同意向用户发送的商业类、广告类等短信息。”广告型垃圾短信的危害性较小，对用户造成的财产损失也难以证明，即使提起诉讼，用户也很难获得令自己满意的救济，故绝大多数用户都选择默默承受，这种消极维权的态度也在一定程度上纵容了垃圾短信泛滥的问题。除了法律适用问题外，本案折射出了经营者、短信平台行业自律性不足的问题，也反映了用户对垃圾短信多样的维权渠道知之甚少。

一、广告型垃圾短信侵权的法律适用

（一）个人信息保护法的法律适用

为了保护个人信息权益，规范个人信息处理活动，促进个人信息合

理利用，根据宪法，我国制定出台了个人信息保护法。个人信息保护法第四条、第十四条、第十五条、第二十三条对个人信息处理作出了专门性的规定，不需要通过法律解释方法进行扩张，并在第七章规定了违反个人信息保护法处理信息应承担的法律责任。被告某高公司未经原告王某同意，先后通过 106 短信平台向涉案手机发送 5 条广告促销信息，未提供有效拒绝接收的方式，已经明确违反了个人信息保护法，在未充分履行会员信息审查义务，且存在过错的情形下，应当承担损害赔偿等侵权责任。但本案最后一条广告信息发送时间为 2021 年 9 月，被告某高公司处理原告个人信息的时间早于个人信息保护法的施行时间 2021 年 11 月 1 日。法不溯及既往是基本的法律原则，在法律未作出特殊规定的情形下，本案的裁判不宜适用个人信息保护法。

（二）被告发送广告型垃圾短信受广告法规制

从被告某高公司的行为来看，发送促销信息属于广告行为，应受广告法的规制。依照广告法的规定，任何单位或者个人未经当事人同意或者请求，不得以电子信息方式向其发送广告；以电子信息方式发送广告的，应当向接收者提供拒绝继续接收的方式。广告主、广告经营者、广告发布者违反广告法规定，侵犯他人合法民事权益的，依法承担民事责任。王某主动联系被告和按信息要求在回复“T”后，仍然能够收到来自被告的促销广告，可以视为被告没有提供有效拒绝接收的方式。

（三）原告的安宁权受民法典保护

从原告王某被侵害的权益来看，王某享有私人安宁不受侵扰的权益，受民法典的保护。民法典对个人信息保护作出了基础性规定，其中人格权编以专章“隐私权和个人信息保护”对个人信息的定义、私密信息的适用规则、个人信息处理的基本原则和条件、处理个人信息免责事由、信息处理者的义务等内容予以规定。[①] 依照民法典第一千零三十三条的规定，除法律另有规定或者权利人明确同意外，任何组织或者个人不得以电话、短信、即时通讯工具、电子邮件、传单等方式侵扰他人的私人生活安宁。被告某高公司未经同意，多次向原告王某的涉案手机发送广告信息，构成侵扰他人的私人生活安宁的行为，结合原告王某的诉讼请求，应当承担赔礼道歉的民事责任。

（四）个人信息侵权的归责原则与过错标准

1. 侵害个人信息适用过错推定的归责原则

个人信息保护法颁布前，关于个人信息侵权的归责原则存在认识分歧。多数观点认为，信息主体举证信息控制者在信息收集、加工、存储、利用过程中存在过错，难度较大，适用过错推定原则和举证责任倒置原则，更便于查明案件事实以实质性解决纠纷。[②] 另一种观点认为，任何侵权责任类型适用过错推定责任或无过错责任，必须以法律有明确规定为前提，但是个人信息保护领域尚无此类特别规定。而且侵害个人信息侵权行为的基本性质是侵害隐私权，属于一般侵权行为，因此必然适用过错责任原则。[③] 个人信息保护法在综合各方意见、反复调研论证的基础上，在第六十九条已明确了侵害个人信息适用过错推定的归责原则。

2. 过错要件要采取客观化标准

侵害个人信息侵权责任的构成要件包括违法行为、损害后果、因果关系和主观过错四个要件。本案中被告是否存在主观过错存在争议。被

① 参见郭锋、陈龙业、贾玉慧：《〈个人信息保护法〉具体适用中的若干问题探讨——基于〈民法典〉与〈个人信息保护法〉关联的视角》，载《法律适用》2022 年第 1 期。

② 参见尹志强：《网络环境下侵害个人信息的民法救济》，载《法律适用》2013 年第 8 期。

③ 参见杨立新：《侵害公民个人电子信息的侵权行为及其责任》，载《法律科学（西北政法大学学报）》2013 年第 3 期。

告某高公司称原告手机号码是因口头留下，且被告通过微信搜索手机号码 180××××8687，查询到其微信名为“温某之夏”，该微信使用女性头像，实际使用人应为会员“夏某莉”。被告某高公司是向其会员“夏某莉”发送信息。同时，被告向法院举证，在被告某高公司的电脑上，登录“Interlink 企业资源管理系统”，点击“180××××8687”出现界面，显示“顾客编号（M）：20169513×××”“全名（F）：夏某莉”，并显示了“夏某丽”多条的消费记录和时间。一种观点认为，被告某高公司向其会员发送促销信息是正常的广告投放，发给本案原告并不是被告的本意，本案的起因是有人在被告处留下了原告的电话号码，被告不具有主观过错。另一种观点认为，过错要件要采取客观化标准，对相应注意义务的违反，就应当认定为有过错。[①] 笔者认为，在注意义务履行方面，被告某高公司不定期向会员定向投放广告信息，对会员信息，尤其是联系方式的真实性未尽到基本的审查义务。在行为合法性方面，被告某高公司亦不能举证证明被告已告知会员“夏某莉”其手机号码 180××××8687 可用于接收广告促销信息，并获得其许可。在侵害后补救方面，经原告多次沟通督促，被告未及时停止侵害。综上所述，从注意义务、行为合法性、侵害后补救等客观表现来看，被告某高公司存在主观过错。

二、赔偿损失的标准

在侵害隐私权、个人信息的案件中，被侵权人往往并无具体的财产损失或者不能证明具体的财产损失，结果造成维权成本过高、违法成本过低的不平衡状态。《最高人民法院关于审理利用信息网络侵害人身权益民事纠纷案件适用法律若干问题的规定》（2020 年修正）第十二条第

① 参见郭锋、陈龙业、贾玉慧：《〈个人信息保护法〉具体适用中的若干问题探讨——基于〈民法典〉与〈个人信息保护法〉关联的视角》，载《法律适用》2022 年第 1 期。

一款规定："被侵权人为制止侵权行为所支付的合理开支，可以认定为民法典第一千一百八十二条规定的财产损失。合理开支包括被侵权人或者委托代理人对侵权行为进行调查、取证的合理费用。人民法院根据当事人的请求和具体案情，可以将符合国家有关部门规定的律师费用计算在赔偿范围内。"该款将调查取证的合理费用和合理的律师费用纳入了侵害人身权益造成财产损失的赔偿范围。第十二条第二款规定："被侵权人因人身权益受侵害造成的财产损失以及侵权人因此获得的利益难以确定的，人民法院可以根据具体案情在50万元以下的范围内确定赔偿数额。"该款明确了法定赔偿最高限额。本案广告型垃圾短信的损害赔偿可参照适用。

具体到本案，法院酌情确定合理开支9.90元。我们会发现，这样基于合理开支的赔偿损失标准既不能惩治侵权人的违法行为，也让权利人对维权望而却步。民法确定侵权责任是"填补原则"，这正是非法侵害个人信息权益难以遏制的民法上的原因。即侵权人通常会侵害众多权利人的权益，而民法确定侵权责任是以权利人受到侵害造成损害为准，每一个权利人的起诉只能就自己的损失或者侵权人所获利益请求赔偿。因此，实行小额损害的最低赔偿限额就十分必要。[①] 消费者权益保护法规定了最低赔偿额为500元，食品安全法规定了最低赔偿额为1000元，建议立法上也确定侵害个人信息权益造成小额损害的最低赔偿标准。

三、经营者定向广告投放与用户安宁权的平衡

经营者发送商业性信息的目的是扩大卖方市场，拓宽潜在的交易对象，但对手机用户的安宁有较大影响，应受到规制。经营者在征求用户同意的前提下，向用户发送促销信息是正常的商业行为，为保持经营者

① 参见杨立新：《侵害个人信息权益损害赔偿的规则与适用——〈个人信息保护法〉第69条的关键词释评》，载《上海政法学院学报（法治论丛）》2022年第1期。

定向广告投放与用户安宁权的平衡，经营者应履行以下三项义务：第一，完善会员的信息审查。经营者可以通过发送短信验证码的方式来核实会员真实的联系方式，避免有些用户错填而打扰到不特定的用户。第二，定向的投放广告应坚守告知同意规则。告知同意规则，又称为“知情同意规则”，是指任何组织或个人在处理个人信息时都应当告知信息主体即其个人信息被处理的自然人，并在取得其同意后，方可从事相应的个人信息处理活动，否则该等行为属于违法，除非法律、行政法规另有规定。① 根据广告法、个人信息保护法的规定，告知同意原则是经营者对个人信息处理的合法性基础。信息处理者是否基于告知条款获取自然人的有效同意，是处理个人信息纠纷案件常见的争议焦点。② 为保护权利人基于充分的了解作出同意的表示，法律规定信息处理者应当公开处理信息的规则，明示处理信息的目的、方式和范围。③ 第三，提供拒绝接收、退订的方式。涉案的几条短信从发件人的号码来看，均来自106短信平台的推送，但发件人号码后面几位数字并不相同，可以推断每次发送短信的号码是不一样的，即使告知用户退订方式，仍然无法阻止106短信平台今后用不同号码推送信息。因此，106等短信平台在发送广告信息时，必须提供发送人和短信平台的名称及联系方式，让用户可以作出拒绝接收的意思表示。

四、多元的维权途径

当公民不堪各类广告信息的骚扰时，可通过以下三种方式维权：第一，按照《全国人民代表大会常务委员会关于加强网络信息保护的决

---

① 参见王利明、程啸、朱虎：《中华人民共和国民法典人格权编释义》，中国法制出版社2020年版，第419页。

② 参见郭锋、陈龙业、贾玉慧：《〈个人信息保护法〉具体适用中的若干问题探讨——基于〈民法典〉与〈个人信息保护法〉关联的视角》，载《法律适用》2022年第1期。

③ 参见中国法制出版社：《民法典人格权编热点问题100问》，中国法制出版社2020年版，第110页。

定》的规定，公民受到商业性电子信息侵扰的，有权要求网络服务提供者删除有关信息或者采取其他必要措施予以制止。第二，个人还可向公安部门、互联网管理部门、市场监督管理部门、消费者协会、行业管理部门和相关机构进行投诉举报。中央网信办（国家互联网信息办公室）违法和不良信息举报中心专职接收和处置社会公众对互联网违法和不良信息的举报。第三，公民还可依据民法典、个人信息保护法等法律，通过法律手段进一步维护自己的合法权益，如要求侵权人赔礼道歉、消除影响、恢复名誉、赔偿损失等。前两种手段更加便利，既是更快、更低成本地解决公民遭受广告骚扰问题的有效手段，又是诉源治理的题中之义。

最新立法司法动态

最高人民法院

关于适用《中华人民共和国民法典》婚姻家庭编的解释（二）（征求意见稿）

（2024 年 4 月 7 日）

为正确审理婚姻家庭纠纷案件，根据《中华人民共和国民法典》《中华人民共和国民事诉讼法》等相关法律规定，结合审判实践，制定本解释。

第一条【重婚原则上不适用效力补正】

以重婚为由请求确认婚姻无效的案件中，被告以提起诉讼时合法婚姻当事人已经离婚或者配偶已经死亡为由主张后一婚姻自此转为有效的，人民法院对该抗辩主张不予支持，但另一方有理由相信重婚一方的合法婚姻已经解除或者不存在婚姻的除外。

第二条【对当事人主张“假离婚”的处理】

夫妻登记离婚后，一方以双方意思表示虚假为由请求确认离婚无效的，人民法院不予支持。一方有证据证明双方意思表示虚假，请求确认离婚协议中有关财产及债务处理条款无效，并主张重新分割夫妻共同财产的，人民法院应依法予以支持。

夫妻一方的债权人有证据证明离婚协议中有关财产及债务处理条款

存在民法典第五百三十八条、第五百三十九条规定情形，请求撤销相关条款的，人民法院应依法予以支持。

第三条【同居析产纠纷的处理】

双方均无配偶的同居关系析产纠纷案件中，对同居生活期间取得的财产，双方无协议约定且协商不成的，人民法院按以下情形分别处理：

（一）同居期间各自所得的工资、奖金、劳务报酬、知识产权收益，各自继承或者受赠的财产以及一方单独生产、经营、投资的收益等归各自所有；

（二）双方共同出资购置的财产或者共同生产、经营、投资的收益以及其他已经混同无法区分的财产，根据财产的具体情况，并综合考虑各自出资比例、贡献大小等事实，按照照顾子女、女方和无过错方权益的原则进行分割。

同居生活期间，一方因抚育子女、照料老年人、协助另一方工作等负担较多义务而请求另一方给予补偿，双方对此无协议约定且协商不成的，人民法院可以根据同居生活时间、负担相应义务投入的精力及对双方的影响、同居析产情况、双方经济状况以及给付方负担能力、当地收入水平等事实，确定补偿数额。

第四条【基于婚姻赠与房屋的处理】

婚前或者婚姻关系存续期间，一方将其所有的房屋变更登记至对方名下或者双方名下，离婚诉讼中，该方请求对方返还的，人民法院应当根据当事人请求，结合赠与房产目的，综合考虑婚姻关系存续时间、离婚过错、双方经济情况等事实，判决该房屋归一方所有，并参考房屋市场价格由获得房屋一方对另一方予以适当补偿，但双方有特别约定的除外。

前款规定情形下，赠与人有证据证明受赠人存在欺诈、胁迫或者民法典第六百六十三条规定等情形，请求撤销该约定的，人民法院应依法予以支持。

第五条【未成年人及夫妻一方直播打赏款项的处理】

不满八周岁的未成年人通过网络直播平台实施打赏行为，其法定代理人主张该民事法律行为无效，请求返还已打赏款项的，人民法院应依法予以支持。

八周岁以上不满十六周岁或者十六周岁以上不能以自己的劳动收入为主要生活来源的未成年人未经法定代理人同意，通过网络直播平台实施与其年龄、智力和精神健康状况不相适应的打赏行为，法定代理人不予追认并主张该民事法律行为无效，请求网络直播平台返还已打赏款项的，人民法院应依法予以支持。

夫妻一方通过网络直播平台实施打赏行为，有证据证明直播内容含有淫秽、色情等低俗信息引诱用户打赏，另一方主张该民事法律行为无效，请求网络直播平台返还已打赏款项的，人民法院应依法予以支持。

夫妻一方未经另一方同意，明显超出家庭一般消费水平打赏，严重损害夫妻共同财产利益，另一方以对方存在挥霍夫妻共同财产为由，请求在婚姻关系存续期间分割共同财产的，或者在离婚分割夫妻共同财产时对打赏一方少分或者不分的，人民法院应依法予以支持。

第六条【违反公序良俗的赠与】

夫妻一方因重婚、与他人同居等违背公序良俗情形，将夫妻共同财产赠与或者以明显不合理低价转让他人，另一方主张合同无效请求返还的，人民法院应依法予以支持。

第七条【父母在子女婚后为其购房出资的认定】

婚姻关系存续期间，一方父母全额出资为夫妻购置房屋，没有约定或者约定不明的，离婚分割夫妻共同财产时，人民法院可以判决该房屋归出资人子女一方所有，并综合考虑共同生活及孕育情况、离婚过错、房屋价值等事实，由获得房屋一方对另一方予以适当补偿。

婚姻关系存续期间，双方父母出资或者一方父母部分出资为夫妻购置房屋，没有约定或者约定不明的，离婚分割夫妻共同财产时，双方均主张房屋所有权且一方不同意竞价取得的，人民法院可以根据出资来源及比例、共同生活及孕育情况、离婚过错、房屋产权登记情况等事实，判决房屋归一方所有，并由获得房屋一方对另一方折价补偿。

第八条【夫妻一方转让自己名下有限责任公司股权的效力】

夫妻一方转让登记在自己名下的有限责任公司股权，另一方以未经共同意侵犯夫妻共同财产权为由请求确认转让合同无效的，人民法院不予支持，但有证据证明转让人与受让人恶意串通损害另一方合法权益的除外。

第九条【企业登记的持股比例不是夫妻财产约定】

夫妻以共同财产投资有限责任公司，并均登记为股东，双方对该部分共同财产的归属没有约定或者约定不明，离婚时，一方请求按照企业登记的持股比例分割的，人民法院不予支持，并依照民法典第一千零八十七条规定处理。

第十条【夫妻一方放弃继承的效力】

夫妻一方以对方可继承的财产为夫妻共同财产、放弃继承损害夫妻共同财产利益为由主张对方放弃继承无效的，人民法院不予支持，但有证据证明放弃继承导致放弃一方不能履行法定义务的除外。

第十一条【人身安全保护令或人格权行为禁令可适用抢夺、藏匿未成年子女情形】

父母一方或者其近亲属等抢夺、藏匿未成年子女，另一方向人民法院申请人身安全保护令或者参照民法典第九百九十七条的规定申请采取责令行为人停止有关行为的措施的，人民法院应依法予以支持。

第十二条【抢夺、藏匿未成年子女的民事责任及抗辩事由处理】

父母一方或者其近亲属等抢夺、藏匿未成年子女，另一方以履行监护职责产生的权利受到侵害为由，请求行为人承担停止侵害、排除妨碍、赔偿损失等民事责任的，人民法院应依法予以支持。

抢夺、藏匿子女一方以对方存在赌博、吸毒、家庭暴力等严重侵害未成年子女身心健康情形，主张其抢夺、藏匿子女有合法理由的，人民法院应当告知其可通过申请撤销监护权、中止探望或者变更抚养关系等途径解决。

第十三条【优先由另一方直接抚养的情形】

离婚诉讼中，父母双方均要求直接抚养已满两周岁的未成年子女，一方有下列情形之一的，人民法院应当按照最有利于未成年子女的原则，优先考虑由另一方直接抚养：

（一）实施家庭暴力或者虐待、遗弃家庭成员；

（二）有赌博、吸毒等恶习；

（三）其他严重损害未成年子女权益的情形。

第十四条【处分未成年子女名下房产的效力】

父母以法定代理人身份处分用夫妻共同财产购买并登记在未成年子女名下的房产后，又以该处分行为损害未成年子女利益为由向合同相对人主张合同无效的，人民法院不予支持。

第十五条【不负担抚养费约定的效力】

离婚协议中约定一方直接抚养未成年子女、另一方不负担抚养费，离婚后，直接抚养子女一方经济状况发生变化导致原生活水平显著降低或者子女生活、教育、医疗等必要合理费用确有显著增加，未成年子女起诉请求另一方支付抚养费的，人民法院应依法予以支持。

第十六条【子女成年后欠付抚养费的处理】

能够独立生活的成年子女请求父或者母给付其未成年或者不能独立生活期间抚养费的，人民法院不予支持。

离婚协议已对未成年子女或者不能独立生活的成年子女的抚养费明

确约定或者不直接抚养子女一方通过其他方式承诺给付抚养费，离婚后，不直接抚养子女一方未按照约定或者承诺履行给付义务，如果子女尚未成年或者仍不能独立生活，子女起诉请求其支付欠付抚养费的，人民法院应依法予以支持；如果子女已经成年并能够独立生活，直接抚养子女一方起诉请求对方支付欠付抚养费的，人民法院应依法予以支持。

第十七条【“受其抚养教育”的认定】

对民法典第一千零七十二条中继子女受继父或者继母抚养教育的事实，人民法院应当综合考虑共同生活时间长短、继父母是否承担抚养费、是否实际进行生活上的照顾抚育等因素予以认定。

第十八条【离婚协议约定财产给予子女】

离婚协议约定将特定财产给予子女，离婚后，一方在财产权利转移之前请求撤销该约定的，人民法院不予支持，但另一方同意的除外。

一方不履行前款离婚协议约定的义务，另一方请求其承担继续履行或者因无法履行而赔偿损失等民事责任的，人民法院应依法予以支持。

离婚协议约定将特定财产给予子女，离婚后，一方有证据证明签订离婚协议时存在欺诈、胁迫等情形，请求撤销离婚协议中相关条款的，人民法院应依法予以支持。

第十九条【离婚经济补偿的认定和处理】

离婚时，因抚育子女、照料老年人、协助另一方工作等负担较多义务的夫妻一方请求另一方给予补偿的，人民法院应当根据婚姻关系存续时间、负担相应义务投入的精力及对双方的影响、对家庭所做贡献程度、双方离婚时经济状况以及给付方负担能力、当地收入水平等事实，确定补偿数额。

第二十条【离婚经济帮助的处理】

离婚时，夫妻一方依靠个人财产和离婚时分得的财产仍无法维持当地基本生活水平，请求有负担能力的另一方给予适当帮助的，人民法院应依法予以支持。

一方因经济困难无房居住的，人民法院可以根据当事人请求，判决有负担能力的另一方采用下列方式予以帮助：

（一）一定期限的房屋无偿使用权；

（二）适当数额的房屋租金；

（三）通过判决设立一定期限的居住权；

（四）其他符合实际的方式。

第二十一条【附则】

本解释自 2024 年　月　日起施行。

民法典施行后的法律事实引起的民事案件，本解释施行后尚未终审的，适用本解释；本解释施行前已经终审，当事人申请再审或者按照审判监督程序决定再审的，不适用本解释。

最新法律文件解读丛书

稿　约

最新法律文件解读丛书是一套以为最新法律规范提供同步“解读”为主的系列丛书，分为刑事、民事、商事、行政与执行4个分册，按月出版。

本丛书以“解读”为重点，突出全、专、新、快、准等特点，通过对最新出台的法律、法规、司法解释、部门规章以及重要地方性法规进行同步动态解读，弥补了法律、法规、司法解释汇编类出版物没有同步阐释、解读内容的不足，为广大读者学习理解最新法律规范，正确贯彻执行法律文件，及时解决实践中的新情况、新问题，提供一个全方位、多层面的法律信息平台。

欢迎您向以下栏目赐稿：

【最新法律文件解读】主要是对最新颁行的法律文件进行解读，帮助司法和执法人员正确理解法律文件的立法背景、意义、重点内容、在适用中应注意的问题、与相关法律文件的衔接与互动关系等。

【司法实务问题研究】主要刊登对司法理论、实务及司法管理工作中的热点、疑难问题进行研究及评论的文章。

【新类型疑难案例选评】主要是对司法和行政执法实践中具有典型性和代表性的疑难案例，结合具体案情以及审理或处理结果进行简练精辟的点评，解析认识问题的方法、处理问题的法律依据和在个案中的具体适用。

【法学前沿与新视点】以摘要的形式刊登相关法学理论研究的最新动态及具有代表性和典型性的前沿问题，扩展法学研究的深度和广度。

【法律适用问题解答】主要针对司法和行政执法实践中面临的新问题、热点问题、疑难问题进行简要的解答，指出涉及的法律关系，明确法律适用依据。

稿件一经刊用即付稿酬，稿酬从优。

《刑事法律文件解读》　杨晓燕　邮箱：5184621@qq.com
《民事法律文件解读》　杨　洁　邮箱：1216921515@qq.com
《商事法律文件解读》　路建华　邮箱：shangshijiedu@126.com
《行政与执行法律文件解读》　赵杰琼　邮箱：1092123089@qq.com

人民法院出版社

最新法律文件解读丛书编辑部